Oiseaux
du Québec

JEUNES EXPLORATEURS

GUIDE D'IDENTIFICATION

Suzanne Brûlotte

Oiseaux du Québec

Broquet
97-B, Montée des Bouleaux, Saint-Constant, Qc, Canada, J5A 1A9
Tél. : (450) 638-3338 Téléc. : (450) 638-4338
Internet : www.broquet.qc.ca
Courriel : info@broquet.qc.ca

Catalogage avant publication de Bibliothèque et Archives nationales du Québec et Bibliothèque et Archives Canada

Brûlotte, Suzanne

Oiseaux du Québec : guide d'identification

(Jeunes explorateurs)
Comprend un index.

Pour les jeunes de 9 ans et plus.

ISBN 978-2-89654-381-6

1. Oiseaux – Québec (Province) – Identification – Ouvrages pour la jeunesse.
I. Titre.

QL685.5.Q8B78292 2014 j598.09714 C2013-942183-1

Nous reconnaissons l'aide financière du gouvernement du Canada par l'entremise du Fonds du livre du Canada pour nos activités d'édition. Nous remercions également l'Association pour l'exportation du livre canadien (AELC), ainsi que le gouvernement du Québec : Programme de crédit d'impôt pour l'édition de livres – la Société de développement des entreprises culturelles (SODEC).

Dépôt légal – Bibliothèque et Archives nationales du Québec
1er trimestre 2014
Éditeur **Antoine Broquet**
Directrice de production **Josée Fortin**
Directrice artistique **Brigit Levesque**
Infographie **Nancy Lépine**
Révision **Andrée Laprise, Diane Martin**

Crédits photographiques / illustration :
Suzanne Brûlotte (sauf mention contraire)
Illustration du hibou : © bicubic | Shutterstock
Photos ambiances : © HiSunnySky, Nik Merkulov | Shutterstock

ISBN 978-2-89654-381-6

Imprimé en Malaisie

À mon petit-fils Gabriel qui déjà s'éveille aux beautés de la nature.

TABLE DES MATIÈRES

7 INTRODUCTION

8 MORPHOLOGIE DE L'OISEAU

10 L'OBSERVATION

10 Ce qu'il faut pour observer les oiseaux

10 Comment les observer ?

12 Espèces visitant les mangeoires

12 Graines suggérées

12 Améliorer le poste d'alimentation

13 Observations en nature

16 Signes distinctifs de l'oiseau

18 Code de conduite des observateurs d'oiseaux

19 L'UTILISATION DU GUIDE

22-121 FICHES DES OISEAUX

122 GLOSSAIRE

125 INDEX DES OISEAUX

127 BIBLIOGRAPHIE

INTRODUCTION

Je garde de mes années d'enseignement de très bons souvenirs. Il fallait voir les mines réjouies de mes élèves lors de nos sorties dans le boisé près de l'école. La découverte des insectes, des fleurs et l'observation d'oiseaux nourrissaient leur curiosité naturelle. De retour en classe, les ateliers de sciences se voulaient animés et vivants. C'est en pensant à ces élèves que j'ai écrit ce livre.

Le Guide « Jeunes explorateurs » s'adresse à tous ceux et celles qui aiment les oiseaux et qui veulent parfaire leurs connaissances en ornithologie.

Afin de faciliter tes observations, pourquoi ne pas attirer les oiseaux dans ta cour ? Il te suffit d'acheter ou de fabriquer une petite mangeoire, d'y mettre des graines de tournesol et de la suspendre.

MORPHOLOGIE DE L'OISEAU

Pour utiliser ton guide le mieux possible et bien identifier un oiseau, il est important que tu connaisses les parties de son corps.

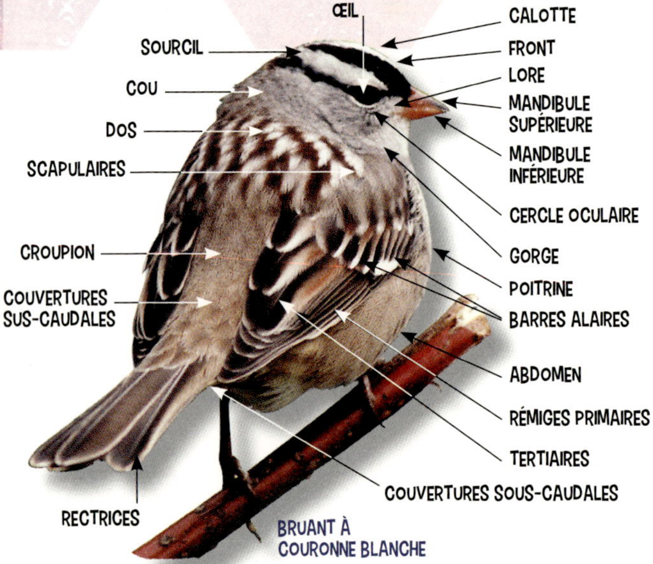

BRUANT À COURONNE BLANCHE

DINDON SAUVAGE

CANARD COLVERT ♀

CANARD BRANCHU

FAUCON PÈLERIN

PYGARGUE À TÊTE BLANCHE

GRAND-DUC D'AMÉRIQUE

L'OBSERVATION

CE QU'IL FAUT POUR OBSERVER LES OISEAUX

Maintenant que tu as installé ta mangeoire, une bonne paire de jumelles te permettra d'observer les oiseaux sans leur faire peur et un bon guide t'aidera à les identifier.

COMMENT LES OBSERVER ?

Utilisation des jumelles

Cet outil est essentiel à l'observation et à l'identification des oiseaux. À l'occasion de ton anniversaire ou à Noël, tu peux demander à tes parents de t'offrir des jumelles.

Lorsqu'un oiseau se présente à ta mangeoire, repère-le et fixe d'abord ton regard sur l'oiseau avant de porter les jumelles à tes yeux.

Si tu aperçois un oiseau posé sur une branche, trouve un point de repère qui pourra t'aider à le localiser. Si l'oiseau est posé dans un bouleau ou encore dans un arbre mort, cela facilitera ta recherche. Ensuite, prête attention à l'endroit où l'oiseau est perché. Est-il au pied de l'arbre, au milieu ou au sommet ?

Après cela, fixe ton regard sur le tronc de l'arbre pour situer l'oiseau en te basant sur le principe des aiguilles d'une montre : est-il placé à 2 heures ou à 9 heures ? Il te faut être patient, t'entraîner le plus souvent possible pour devenir un champion dans le repérage des oiseaux. Il te reste maintenant à utiliser ton guide pour identifier l'oiseau.

Ici notre moineau est à 4 heures

Les termes suivis d'un astérisque sont définis au glossaire.

ESPÈCES VISITANT LES MANGEOIRES

Voici la liste des principaux oiseaux que tu pourras observer à ta mangeoire selon les saisons et les habitats :

- **Bruant familier**
- **Bruant chanteur**
- **Bruant à gorge blanche**
- **Cardinal rouge**
- **Chardonneret jaune**
- **Geai bleu**
- **Junco ardoisé**
- **Mésange à tête noire**
- **Pic chevelu**
- **Pic mineur**
- **Roselin pourpré**
- **Sittelle à poitrine rousse**
- **Sittelle à poitrine blanche**
- **Sizerin flammé**
- **Tourterelle triste**
- **Moineau domestique**

GRAINES SUGGÉRÉES

Tournesol noir, millet blanc, alpiste, chardon, maïs concassé, beurre d'arachide et arachides, suif et pain d'oiseaux.

AMÉLIORER LE POSTE D'ALIMENTATION

Lorsque tu voudras améliorer ton poste d'alimentation pour avoir davantage d'espèces d'oiseaux, tu pourras y ajouter d'autres types de mangeoires.

Silo à chardon

Chardonneret jaune et sizerin

Cône de pin garni de beurre d'arachide

Junco ardoisé, Mésange à tête noire, Sittelles à poitrine rousse et à poitrine blanche

Plateau d'alimentation

Presque toutes les espèces mais surtout les bruants, le Cardinal rouge, le Geai bleu, la Tourterelle triste

Abreuvoir à colibri

Colibri à gorge rubis

Support à suif pour l'hiver

Pics

OBSERVATIONS EN NATURE

Comme tu l'as remarqué, ce ne sont pas tous les oiseaux qui vont aux mangeoires et aux abreuvoirs. Tu es maintenant prêt pour une première sortie dans un parc ou ailleurs dans la nature.

Tu peux y aller accompagné de tes parents ou avec des personnes qui s'y connaissent en ornithologie. À travers tout le Québec il y a de nombreux clubs d'ornithologie qui font des sorties intéressantes. Il y en a sûrement un près de chez toi. C'est en devenant membre actif de ton club et en participant aux activités que tu feras le plus de progrès.

Pour les sorties, porte des vêtements discrets et confortables. Pour les plus longues randonnées, apporte une collation équilibrée (fruits, noix, fromage et jus de fruits).

Rendu à l'endroit choisi, il te faudra tenir compte de plusieurs points importants.

L'habitat, la taille et les traits de famille

Voir p. 19-20-21

Le temps de l'année

Les oiseaux n'ont pas toujours le même plumage, ils muent à la fin de l'été, ou encore ce sont des jeunes qui n'ont pas encore atteint leur maturité.

Écouter

Au printemps, tu les entendras chanter pour marquer leur territoire ou pour attirer la femelle. Puis plus tard, durant la nidification, ils se feront plus silencieux pour ne pas attirer les prédateurs. À l'automne, ils émettront plutôt des petits cris pour rester en contact avec leurs semblables.

Pour chaque oiseau, il y a des onomatopées* qui t'aideront à reconnaître leurs chants. Retiens-les bien.

Observer silencieusement

Les oiseaux sont toujours aux aguets. Le moindre mouvement les fait fuir. Il est préférable, lorsque tu aperçois un mouvement dans un arbre, de cesser de bouger et d'attendre patiemment. C'est la meilleure façon de faire pour réussir à voir l'oiseau tant désiré !

Tenir compte de la saison

Les migrateurs : au printemps et à l'automne, les oiseaux qui viennent nicher au Québec arrivent ou nous quittent pour aller passer l'hiver dans des pays plus chauds. Ce sont surtout des oiseaux insectivores* ou piscivores* qui ne pourront pas se nourrir durant notre hiver.

Il y a aussi **les oiseaux nordiques** qui viennent nous rendre visite durant l'hiver, pour profiter de la nourriture plus abondante dans le sud du Québec. Ils iront visiter tes mangeoires à l'occasion et, si tu as des arbres à fruits persistants, tu les verras peut-être picorer dedans.

Les résidants : plusieurs espèces restent avec nous ; ce sont surtout les granivores* que tu accueilleras chez toi aux mangeoires et certains carnivores* qui peuvent trouver leur nourriture même pendant l'hiver.

Les visiteurs occasionnels : lorsque tu seras devenu un pro de l'observation, tu te rendras compte qu'à l'occasion certaines espèces rares viennent nous rendre visite.

SIGNES DISTINCTIFS DE L'OISEAU

Lorsque tu aperçois un oiseau, retiens le plus d'éléments possibles pour t'aider à identifier l'espèce que tu as observée (cela s'applique également aux oiseaux observés aux mangeoires).

	**Œil.** Sa couleur, un bandeau qui le traverse, un cercle blanc qui l'entoure, un sourcil.
	**Tête.** Sa huppe*, son masque, sa moustache, sa couronne.
	**Bec.** Épais, petit et effilé, long et pointu, crochu, large et plat, sa couleur.
	**Barres alaires.** Ses couleurs, étroites ou larges, une tache.
	**Poitrine.** Unie, rayée ou tachetée.
	**Croupion.** Tache pâle où sont plantées les plumes de la queue.
	**Pattes.** Ses couleurs, courtes ou longues, palmées* ou semi-palmées*.
	**Queue.** Longue ou courte, effilée, fourchue, bout arrondi ou carré ou couleur différente, relevée ou abaissée, couleur contrastante sur les côtés (rectrices* externes).

Son comportement

Le comportement t'aide à identifier un oiseau. Observe-le bien si tu en as la chance.

- Est-ce qu'il picore ou fouille-t-il sous les feuilles pour trouver sa nourriture ?
- Plonge-t-il dans l'eau comme un canard plongeur ou bascule-t-il son corps dans l'eau pour se nourrir, laissant dépasser l'arrière de son corps tel un canard barboteur ?
- Est-il solitaire ou grégaire* ?
- Est-il perché au sommet d'un arbre, à mi-hauteur ou au sol ?

Son vol

- A-t-il un vol ondulé ou un vol direct ?
- Plane-t-il en tournoyant ?
- Vole-t-il en groupe ?

Tous ces détails t'aideront à identifier l'oiseau observé. Maintenant, tu es prêt à utiliser le guide ! Bonnes observations !

CODE DE CONDUITE DES OBSERVATEURS D'OISEAUX

Le Regroupement QuébecOiseaux t'invite à suivre les recommandations du présent Code de conduite, qui vise à protéger les oiseaux et leurs habitats ainsi qu'à préserver la popularité et la réputation du loisir ornithologique.

- NE PAS EFFRAYER OU POURCHASSER LES OISEAUX, NI LES EXPOSER AU DANGER ;
- NE PAS IMPORTUNER LES OISEAUX PENDANT QU'ILS SE REPOSENT, EN PARTICULIER LES OISEAUX NOCTURNES DURANT LE JOUR ;
- NE PAS S'APPROCHER DES NIDS, NI PERTURBER LES OISILLONS OU LEURS PARENTS ;
- NE PAS IMITER LA VOIX DES OISEAUX LORSQU'ILS SONT EN PÉRIODE DE REPRODUCTION OU LORSQUE LES CONDITIONS RISQUENT DE LEUR ÊTRE NÉFASTES ;
- NE PAS AMENER CHIENS OU CHATS AUX ENDROITS FRÉQUENTÉS PAR LES OISEAUX ;
- DEMEURER DANS LES SENTIERS ;
- NE PAS ENDOMMAGER LA VÉGÉTATION ;
- OBTENIR LA PERMISSION AVANT D'ENTRER SUR UNE PROPRIÉTÉ PRIVÉE ;
- PARLER À VOIX BASSE ET RESTREINDRE LES CONVERSATIONS AU MINIMUM.

L'UTILISATION DU GUIDE

Dans la prochaine partie du guide, je te présente 100 espèces d'oiseaux qui sont classés selon leur taille.

LA TAILLE DES OISEAUX

Pour te faciliter la tâche, nous avons **classé** les oiseaux **selon leur taille** à l'aide de différentes couleurs.

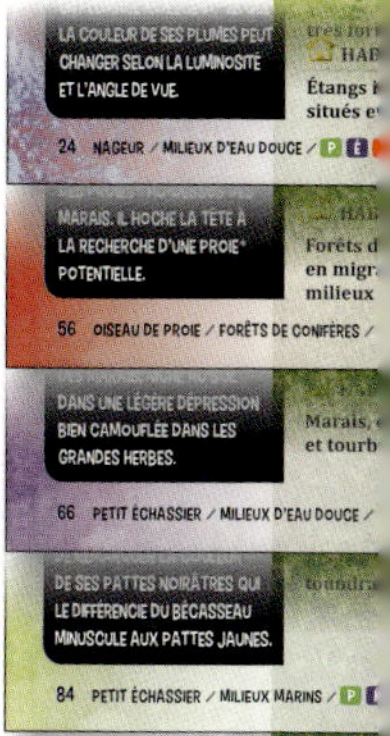

1- OISEAUX DE GRANDE TAILLE
Exemple, la Corneille d'Amérique

2- OISEAUX DE TAILLE MOYENNE
Exemple, le Pigeon biset

3- OISEAUX PLUS PETIT
Exemple, le Merle d'Amérique

4- LES PETITS OISEAUX
Exemple, le Moineau domestique

Les fiches des 100 espèces présentées sont donc divisées en **4 parties selon les couleurs correspondant à une taille.**

LES TRAITS DE FAMILLE

Les oiseaux nageurs (huards, grèbes, canards) ont en commun: de se déplacer sur l'eau, de se nourrir en plongeant ou en barbotant.

Les voiliers (goélands, sternes, mouettes) vivent près de l'eau et sont souvent vus en vol.

Les grands échassiers (hérons) sont de gros oiseaux à long bec, long cou et à longues pattes.

Les petits échassiers (râles, bécasseaux, pluviers) vivent dans les milieux humides. Ils ont le cou, le bec et les pattes plus ou moins longs.

Les rapaces (buses, chouettes et hiboux) sont des oiseaux carnivores*, ils ont un bec crochu et des pattes aux griffes acérées* qui leur permettent de saisir et de déchirer leurs proies*.

Les oiseaux terrestres (pics, colibris, tourterelles, gélinottes) sont des oiseaux vivant en milieu forestier ou en terrain à découvert. Ils n'appartiennent pas à la catégorie des passereaux.

Les passereaux (oiseaux chanteurs) sont des oiseaux qui se perchent et qui ont quatre doigts leur permettant de s'agripper aux branches. La plupart de ces espèces ont un chant varié. Ils bâtissent leurs nids.

L'HABITAT

Tiens compte du lieu où tu observes un oiseau, ce qui t'aidera à l'identifier **(lacs et rivières, bord de mer, marais, étangs, villes et banlieues, parcs).** Pour savoir rapidement si l'oiseau que tu crois avoir identifié est bien dans son habitat, regarde au bas de la fiche, son habitat y est indiqué.

LES SAISONS

Pour t'aider à savoir si l'oiseau est présent au Québec selon la saison, tu trouveras dans le bas de la fiche un pictogramme* avec les symboles...

« P » printemps,
« É » été,
« A » automne,
« H » hiver.

LES HABITUDES

Tu trouveras aussi un pictogramme* qui t'indique si l'oiseau va aux mangeoires.

OIE DES NEIGES
Chen caerulescens

L'oie des neiges est un oiseau grégaire*. On l'aperçoit surtout au printemps.

⚥ MÂLE ET FEMELLE

Bec rosé, bout des ailes de couleur noire, pattes rosées, tête et cou pouvant avoir une coloration rouille due à la nourriture qu'elle trouve dans un sol contenant du fer, corps entièrement blanc.

CHANT

Whouk fort émis en chœur, surtout en vol.

HABITAT

La toundra ; on l'aperçoit en migration dans les champs ou les milieux humides.

LE SAVAIS-TU ?

PARMI UN GROUPE DE 100 OIES DES NEIGES, IL Y EN A UNE QUI EST DE FORME FONCÉE. ELLE NE GARDE QUE LA TÊTE BLANCHE.

BERNACHE DU CANADA
Branta canadensis

La Bernache du Canada est un oiseau qu'on observe un peu partout le long des cours d'eau.

♂♀ MÂLE ET FEMELLE

Tête et long cou noirs, joues et menton blancs, poitrine et croupion* blancs, corps brunâtre.

♪ CHANT

Ressemble à un aboiement de chien : ♂ *a-honk* grave, ♀ *hink* aigu.

HABITAT

Lacs et rivières, toundra arctique et tourbières, en migration, dans les champs et les parcs.

LE SAVAIS-TU ?

LA RACE MAXIMA NICHE DANS LE SUD DU QUÉBEC. LES AUTRES SOUS-ESPÈCES NICHENT PLUS AU NORD. AUTREFOIS ON L'APPELAIT OUTARDE.

CANARD BRANCHU

Aix sponsa

Le Canard branchu est le plus beau canard d'Amérique.

♂ MÂLE

Tête verte ornée de lignes blanches, couronnée d'une huppe*, œil et bec rouges, poitrine marron tachetée de blanc, flancs ocre*, dos bleu métallique, miroir* bleu bordé d'un trait blanc, queue carrée.

♀ FEMELLE

Tête grise huppée avec des reflets verts et pourpres, tour de l'œil blanc, miroir* bleu bordé d'un trait blanc, corps gris tacheté.

♪ CHANT

♂ *Pfffuit*, comme un sifflement, ♀ *Wou-ik* très fort.

HABITAT

Étangs isolés, marais situés en forêt.

LE SAVAIS-TU ?

CE CANARD NICHE DANS LE CREUX D'UN ARBRE. ON PEUT AUSSI LUI AMÉNAGER UN NICHOIR FIXÉ À UN ARBRE PRÈS DE L'EAU. IL A AUSSI UN PLUMAGE IRIDESCENT* *I.E.* QUE LA COULEUR DE SES PLUMES PEUT CHANGER SELON LA LUMINOSITÉ ET L'ANGLE DE VUE.

CANARD NOIR

Anas rubripes

Le Canard noir est souvent vu sur les plans d'eau en compagnie du Canard colvert. On peut le confondre avec la ♀ Canard colvert, mais son plumage est plus foncé et son miroir* n'est pas bordé de blanc.

♂ MÂLE

Bec jaune, tête et cou brun pâle, miroir* violet bordé de noir, corps de couleur brun chocolat, dessous de l'aile blanc, pattes rouges.

♀ FEMELLE

Bec vert olive parfois tacheté.

CHANT

♂ Croasse, ♂ cancane : *coin-coin-coin.*

HABITAT

Marais, rivières et lacs, eaux côtières.

LE SAVAIS-TU ?

AVEC LE CANARD COLVERT ET LE CANARD PILET, IL EST L'UN DES PLUS GROS CANARDS BARBOTEURS.

CANARD COLVERT
Anas platyrynchos

Le Canard colvert est certes l'oiseau le plus connu à travers le monde.

♂ MÂLE

Bec jaune, tête et cou vert émeraude, collier blanc, poitrine marron, corps grisâtre. Sur ses ailes, un miroir* violet avec des traits blancs obliques de chaque côté, queue noire bordée de blanc se terminant par deux boucles noires.

♀ FEMELLE

Bec orangé tacheté de brun, corps entièrement rayé de brun, l'extrémité de sa queue est blanche.

♪ CHANT

♂ Le mâle émet des sifflements ou *arrmf, arrmf,* ♀ la femelle cancane ou ricane fortement.

HABITAT

Lacs, rivières et marais.

LE SAVAIS-TU ?

AU DÉBUT DE L'ÉTÉ, LE MÂLE MUE ET SON PLUMAGE DEVIENT SEMBLABLE À CELUI DE LA FEMELLE. ON LE RECONNAÎT À SON BEC JAUNE. À L'AUTOMNE, IL MUE UNE DEUXIÈME FOIS ET RETROUVE SON PLUMAGE NUPTIAL.

FULIGULE À COLLIER
Anthya collaris

Le Fuligule à collier est un canard plongeur assez commun sur le bord de la mer ou encore dans les marais, les étangs et les petits lacs.

♂ MÂLE

Bec gris-bleu avec deux anneaux blancs, l'un à la racine du bec et l'autre près de l'onglet* noir, virgule blanche devant l'aile, flancs gris pâle, tête, poitrine, queue et dos noirs, œil jaune.

♀ FEMELLE

Cercle oculaire blanc, zone blanche entourant la racine du bec, corps entièrement brun.

CHANT

♂ Sifflement, ♂ *rrrr* doux.

HABITAT

Lacs, rivières, étangs forestiers, eau salée.

LE SAVAIS-TU ?

IL Y A QUATRE AUTRES ESPÈCES DE FULIGULES QUE L'ON PEUT OBSERVER AU QUÉBEC : LE FULIGULE À DOS BLANC, LE FULIGULE À TÊTE ROUGE, LE FULIGULE MILOUINAN ET LE PETIT FULIGULE. ILS SONT PLUS RARES.

EIDER À DUVET

Somateria mollissima

Ce canard plongeur s'aperçoit facilement sur la route des vacances d'été le long du fleuve. Il est facilement reconnaissable.

LE SAVAIS-TU ?

L'EIDER À DUVET EST UN OISEAU GRÉGAIRE*. APRÈS LA NAISSANCE DES PETITS, LES CANETONS SONT RASSEMBLÉS SOUS LA GARDE D'UNE OU DEUX FEMELLES PENDANT QUE LES AUTRES EIDERS VONT SE NOURRIR. ON APPELLE « CRÈCHES » CES RASSEMBLEMENTS.

♂ MÂLE

Corps blanc, calotte, queue et flancs noirs, bec jaune passant au gris durant les autres saisons, cou épais.

♀ FEMELLE

Entièrement brune rayée de brun foncé, taille forte.

♪ CHANT

♂ *Aw-ouu-ourr* plaintif,
♀ *kor-r-r* guttural*.

HABITAT

Les îles du fleuve Saint-Laurent en été, les côtes rocheuses durant les autres saisons.

GARROT À ŒIL D'OR

Bucephala clangula

Le Garrot à œil d'or est facile à reconnaître par la forme ronde de sa tête et la tache ronde devant son œil.

♂ MÂLE

Tête ronde et noire aux reflets verts, tache ronde et blanche sur la joue, queue et dos noirs, poitrine et flancs blancs, cou court.

♀ FEMELLE

Tête ronde et brune, tache blanche sous l'aile, anneau blanc au cou, corps gris pâle.

CHANT

♂ ***Pi-îk,*** ♀ ***graa*** **rauque.**

HABITAT

Étangs, lacs forestiers ou la côte.

LE SAVAIS-TU ?

ON L'APERÇOIT PARFOIS EN HIVER SUR LES COURS D'EAU DÉPOURVUS DE GLACE. IL Y A DEUX AUTRES ESPÈCES DE GARROTS : LE GARROT D'ISLANDE ET LE PETIT GARROT. ILS SONT PLUS RARES. ILS SONT TOUS DES CANARDS PLONGEURS.

HARLE COURONNÉ

Lophodytes cucullatus

Le Harle couronné est souvent aperçu sur nos cours d'eau, surtout au printemps et à l'automne. Il plonge pour trouver sa nourriture, qui se compose de petits poissons et d'écrevisses.

♂ MÂLE

Huppe* blanche se fermant et s'ouvrant en éventail, bec noir, fin et court, poitrine blanche ornée de deux rayures noires, dos noir, flancs marron, tête et cou noirs.

♀ FEMELLE

Entièrement brune, dos plus foncé, huppe* rousse couvrant l'arrière de la tête, tache blanche à l'arrière de l'aile, partie supérieure du bec foncée.

CHANT

♂ Émet un cri ressemblant à celui de la grenouille : *a-woow,* ♀ *gak* enroué.

HABITAT

Lacs, étangs, rivières et ruisseaux, surtout en forêt.

LE SAVAIS-TU ?

C'EST LE PLUS PETIT DES HARLES ET CELUI QU'ON OBSERVE LE PLUS FACILEMENT DANS LE SUD DU QUÉBEC.

GRAND HARLE
Mergus merganser

Observé de près, le bec du Grand Harle est fait en dents de scie, d'où le nom qu'on lui donnait autrefois : Grand bec-scie.

♂ MÂLE

Bec mince et rouge, tête noire aux reflets verts, dépourvu de huppe*, front fuyant, corps élancé, blanc avec dos noir.

♀ FEMELLE

Cou roux tranchant nettement sur la gorge blanche, tête rousse huppée, poitrine blanche, dos gris, grand carré blanc à l'arrière de l'aile.

CHANT

♂ Croassements graves, ♀ *karr.*

HABITAT

Lacs et rivières d'eau douce, souvent en forêt en période de nidification.

LE SAVAIS-TU ?

AU LOIN, SUR LES COURS D'EAU EN ÉTÉ, ON PEUT LE CONFONDRE AVEC LE CORMORAN À AIGRETTES*. C'EST LE PLUS GROS DES TROIS ESPÈCES DE HARLES ET ON PEUT L'OBSERVER FACILEMENT SUR LES RIVIÈRES LIBRES DE GLACE EN HIVER. IL NICHE DANS LES ARBRES.

GÉLINOTTE HUPPÉE

Bonasa umbellus

La Gélinotte huppée ressemble à une poule. Elle décolle bruyamment au dernier moment, mais elle ne vole jamais longtemps ni très haut.

⚥ MÂLE ET FEMELLE

Petite tête huppée, queue grise rayée se terminant par une large bande noire, collerette noire, bec de poule, ventre fortement rayé de brun sur fond beige.

LE SAVAIS-TU ?

AUTREFOIS ON L'APPELAIT LA PERDRIX. LA PERDRIX GRISE EST BEAUCOUP PLUS PETITE ET PLUS RARE. ELLE FRÉQUENTE LES MILIEUX OUVERTS.

CHANT

♂ Le tambourinage du mâle produit par le mouvement de ses ailes sur son corps : *bop... bop... bop... bop. Op.rrrrr* ressemblant au bruit d'un moteur qui démarre. ♀ *Couit, couit* aigu ou de légers glousements lorsqu'elle est avec ses petits.

HABITAT

Forêts de feuillus ou mixtes.

DINDON SAUVAGE

Meleagris gallopavo

Il y a une vingtaine d'années, le Dindon sauvage était considéré comme une espèce rare. Aujourd'hui, sa population est en croissance et s'étend à travers le sud de la province.

♂ MÂLE

Tête nue légèrement bleutée, corps noirâtre aux plumes bronzées et irisées*, bout de la queue rousse, caroncules* rouges, rémiges* rayées.

♀ FEMELLE

Taille plus petite, tête plus mince, plumage brunâtre terne.

♪ CHANT

♂ Glougloute, émet des cris ressemblant à *pît!* ou *pot-pot*. En groupe, on entend *hiow-kiow*. ♀ glousse lorsqu'elle est avec ses poussins.

HABITAT

Aux abords des forêts, sur les terres agricoles et dans les champs buissonneux.

LE SAVAIS-TU?

C'EST UN OISEAU GRÉGAIRE*. EN HIVER, ON L'OBSERVE EN BANDES PLUS OU MOINS IMPORTANTES.

PLONGEON HUARD

Gavia immer

Cet oiseau nous fascine autant par sa beauté que par son chant qui retentit sur les lacs la nuit comme le jour.

LE SAVAIS-TU ?

LE PLONGEON HUARD EST UN OISEAU AQUATIQUE ET NON UN CANARD : IL N'A PAS UN BEC DE CANARD NI LES PATTES PALMÉES. CONTRAIREMENT AU CANARD, IL NE S'ENFUIT PAS DEVANT LE DANGER MAIS SE DÉFEND.

⚥ MÂLE ET FEMELLE

Tête noire, bec noir fort et pointu, collier rayé de noir et de blanc, dos en damier noir et blanc, en hiver : dos sombre, gorge et poitrine blanches, bec grisâtre.

♪ CHANT

Longue plainte : *ha-ou-ou* en trémolo. Plainte suivie d'un trémolo. *Kwouk* aboyé en vol.

HABITAT

Lacs isolés, côtes.

EN PLONGÉE

FOU DE BASSAN

Morus bassamus

Oiseau magnifique que l'on peut apercevoir de très près à l'île Bonaventure en Gaspésie, lieu important de nidification.

MÂLE ET FEMELLE

Pointe des ailes noire, tête et nuque jaunâtres, traits noirs découpant le bec grisâtre, long cou, queue blanche et pointue, grand oiseau blanc.

CHANT

***Ha-ran ha-ran* répété sans cesse comme un aboiement.**

HABITAT

Niche en colonies sur les falaises près de la mer.

LE SAVAIS-TU ?

CET OISEAU REVIENT CHAQUE ANNÉE NICHER AU MÊME ENDROIT. IL PEUT PLONGER À LA VERTICALE, RENTRANT SES AILES AU DERNIER MOMENT POUR ATTRAPER UN POISSON APERÇU DU HAUT DES AIRS.

SE FAIT SÉCHER LES AILES

CORMORAN À AIGRETTES

Phalacrocorax auritus

Après avoir plongé dans l'eau pour y trouver des poissons, le Cormoran à aigrettes* garde les ailes ouvertes pendant des heures pour les faire sécher au soleil avant de pouvoir s'envoler.

LE SAVAIS-TU ?

CE N'EST PAS UN CANARD. IL NICHE EN COLONIES ET IL EST OBSERVÉ DE PLUS EN PLUS AU SUD DE LA PROVINCE.

♂♀ MÂLE ET FEMELLE

Bec mince et bout crochu, menton orange, œil et intérieur de la bouche verts, corps entièrement noir.

CHANT

Émet des grognements et des croassements en période de nidification. Le reste du temps, il reste silencieux.

HABITAT

Eaux côtières, lacs et rivières.

GRAND HÉRON
Ardea herodias

Le Grand Héron est l'échassier le plus connu à travers l'Amérique du Nord. On peut l'observer facilement le long de nos cours d'eau. C'est un habile et patient pêcheur. Immobile, il guette une proie* dans l'eau et soudain il étire son long cou puis, d'un coup vif comme l'éclair, il harponne le poisson convoité.

MÂLE ET FEMELLE

Bec long et fort de couleur jaune, tête blanche avec bandes noires de chaque côté de la tête se terminant par deux longues aigrettes* noires en plumage nuptial, épaulettes noires, long cou rayé de noir avec de longues plumes lâches, longues pattes vert brunâtre, corps gris-bleu.

CHANT

Croassements rauques décroissants : *frahnk, frahnk, frahnk.*

HABITAT

Bord des lacs, des rivières, des marais ou du fleuve.

LE SAVAIS-TU ?

EN VOL, SON LONG COU REPLIÉ EN FORME DE « S » FACILITE SON IDENTIFICATION. CET OISEAU NICHE EN COLONIES DANS DES ENDROITS PEU FRÉQUENTÉS : LES ÎLES BOISÉES OU LES MARAIS ISOLÉS. IL SE CONSTRUIT UN NID IMPOSANT DANS LA FOURCHE D'UN ARBRE OÙ IL ÉLÈVERA DE 2 À 4 PETITS.

HÉRON VERT

Butorides virescens

Petit oiseau discret, le Héron vert se déplace lentement près des cours d'eau qu'il fréquente à la recherche d'un petit poisson ou d'une libellule.

LE SAVAIS-TU ?

SOUVENT, ON LE CONFOND AVEC LA CORNEILLE LORSQU'IL EST EN VOL. TIENS COMPTE DE L'HABITAT OÙ TU ES. IL EST PLUS FACILE À OBSERVER DANS UN MARAIS AMÉNAGÉ POUR LES OBSERVATEURS, SURTOUT À LA FIN D'AOÛT ET AU DÉBUT DE SEPTEMBRE, PÉRIODE OÙ LES JEUNES APPRENNENT À PÊCHER.

⚥ MÂLE ET FEMELLE

Cou marron, rayé de blanc, dos vert sombre, calotte et huppe* verdâtres, pattes courtes jaunâtres ou orangées.

♪ CHANT

Kouc... kouc ou *skiouk* fort.

HABITAT

Bord des lacs, des rivières ou des marais.

URUBU À TÊTE ROUGE

Cathartes aura

On l'observe souvent en vol, planant au-dessus des prairies à la recherche d'animaux morts. Grégaire*. Les autres urubus se rassemblent pour partager la nourriture trouvée par un congénère.

♂♀ MÂLE ET FEMELLE

Petite tête chauve et rouge chez l'adulte et noire chez l'immature, corps entièrement brun foncé, pattes rougeâtres.

♪ CHANT

Habituellement silencieux.

HABITAT

Prairies.

LE SAVAIS-TU ?

IL EST SOUVENT OBSERVÉ, POSÉ AU SOL OU SUR UN ARBRE MORT AVEC SES COMPÈRES.

BALBUZARD PÊCHEUR

Pandion haliaetus

Le Balbuzard pêcheur est le seul oiseau de proie plongeur. Lorsqu'il aperçoit sa proie*, il vole sur place avant de plonger dans l'eau.

LE SAVAIS-TU ?

EN VOL, ON REMARQUE SES AILES EN FORME DE « M ». LA TAILLE DE LA FEMELLE, CHEZ LES OISEAUX DE PROIE, EST SUPÉRIEURE À CELLE DU MÂLE, CE QUI LEUR PERMET DE CAPTURER DE PLUS GROSSES PROIES* POUR NOURRIR LEURS PETITS.

⚥ MÂLE ET FEMELLE

Tête blanche légèrement huppée, bande noire traversant l'œil jusqu'à la nuque, poitrine et ventre blancs, dos, ailes et queue brun foncé.

♪ CHANT

Youk, youk, youk* ou *tchîp, tchîp.

HABITAT

Rivières, lacs ou la côte.

PYGARGUE À TÊTE BLANCHE

Haliaeetus leucocephalus

Il est considéré comme une espèce vulnérable. Heureusement, il a augmenté sa population et on peut maintenant l'apercevoir plus facilement, surtout en hiver.

MÂLE ET FEMELLE

Tête et cou blancs, bec fort de couleur jaune, queue blanche, corps brun foncé.

CHANT

Cris aigus et grinçants : *Kili-kik-ik-ik-ik.*

HABITAT

Rivières, lacs ainsi que la côte.

LE SAVAIS-TU ?

CET OISEAU EST L'EMBLÈME AVIAIRE* DES ÉTATS-UNIS.

BUSARD ST-MARTIN

Circus cyaneus

C'est l'oiseau le plus facile à repérer et à identifier. Il plane en tanguant souvent en rase-mottes au-dessus des prairies. On le reconnaît facilement grâce à son croupion* blanc.

♂ MÂLE

Dos gris pâle, croupion* blanc en forme de V, queue étroite et rayée, poitrine et ventre blancs, ailes grisâtres avec bout noir.

♀ FEMELLE

Dos brun, ventre rayé brun.

♪ CHANT

Pî, pî, pî sifflé.

HABITAT

Marais et champs.

LE SAVAIS-TU ?

LE MÂLE A LE DOS GRIS PÂLE, LA FEMELLE EST BRUNÂTRE, TANDIS QUE LE JUVÉNILE A LA POITRINE RAYÉE ET LE VENTRE ROUX.

BUSE À QUEUE ROUSSE

Buteo jamaicensis

Cette buse est facile à reconnaître grâce à sa queue rousse bien visible autant en vol que lorsqu'elle est posée.

♂♀ MÂLE ET FEMELLE

Poitrine blanche avec plastron* brun foncé, queue rousse et large, ailes larges et arrondies, gros oiseau de proie brun foncé.

♪ CHANT

***Kîîîrrrr* descendant.**

HABITAT

Lieux à découvert, bord des forêts.

LE SAVAIS-TU ?

C'EST LA BUSE À QUEUE ROUSSE QUI EST PARMI LES PLUS ABONDANTES EN MIGRATION. ON L'OBSERVE SOUVENT À L'AUTOMNE PERCHÉE SUR UNE BRANCHE AU BORD DES AUTOROUTES.

FAUCON PÈLERIN
Falco perigrinus

Le Faucon pèlerin est l'espèce la plus connue et la plus populaire dans le monde. Pourtant, il est considéré comme une espèce menacée.

LE SAVAIS-TU?

CET OISEAU NICHE SUR UN HAUT BÂTIMENT DE L'UNIVERSITÉ DE MONTRÉAL ET SOUS LE PONT JACQUES-CARTIER.

♂♀ MÂLE ET FEMELLE

Dos gris-bleu, larges favoris noirs sur la joue, bavette blanche, ventre rayé brun foncé.

CHANT

Kik kik kik kik kik rapide.

HABITAT

Lieux à découvert le long de la côte et en montagne. Dans les villes, il niche sur les grands édifices ou sous les ponts.

MOUETTE TRIDACTYLE

Rissa tridactyla

Plus petite que les goélands, on la reconnaît à son bec jaune et à ses pattes noires. On peut aussi la voir en migration au début de l'automne le long du fleuve. Elle a alors son plumage hivernal.

⚥ MÂLE ET FEMELLE

Petit bec entièrement jaune, pattes noires, ailes grises avec bouts noirs sans taches blanches, corps blanc.

♪ CHANT

Kaka-ouik ou *kitti-waak*.

HABITAT

Falaises près de la mer pour nicher. Le reste du temps, vole au-dessus de l'océan. Se repose sur les rochers le long du fleuve.

LE SAVAIS-TU ?

LA MOUETTE TRIDACTYLE NICHE EN GRAND NOMBRE AUTOUR DE L'ÎLE BONAVENTURE EN GASPÉSIE. ON PEUT L'APERCEVOIR FACILEMENT À PARTIR DES BATEAUX DE CROISIÈRE FAISANT LE TOUR DE L'ÎLE. EN JUILLET, ON PEUT OBSERVER LES PETITS SUR LES FALAISES EN COMPAGNIE DE LEURS PARENTS.

GOÉLAND À BEC CERCLÉ

Larus delawarensis

Cet oiseau niche en colonies sur les îles, parfois en milieu agricole ou en milieu urbain.

LE SAVAIS-TU ?

LA POPULATION DU GOÉLAND À BEC CERCLÉ EST EN AUGMENTATION CONSTANTE. IL A SU S'ADAPTER ET MAINTENANT NOUS LE VOYONS DANS LES CHAMPS APRÈS LES LABOURS OU LA COUPE DES FOINS. ON L'OBSERVE AUSSI PRÈS DES DÉPOTOIRS DANS LES VILLES.

MÂLE ET FEMELLE

Bec cerclé de noir à son extrémité, pattes jaunes, ailes grises avec l'extrémité noire, corps blanc, dos gris.

CHANT

Ayink... ayink... ayink **plus aigu que celui du Goéland argenté ou *gin-gin-gin-gin-gin.***

HABITAT

Côte, rivières et lacs, champs de culture, dépotoirs, villes.

GOÉLAND ARGENTÉ

Larus argentatus

Le Goéland argenté s'adapte facilement à son environnement. On peut l'observer en quête de nourriture près des pêcheurs. C'est aussi un chapardeur n'hésitant pas à dérober la nourriture à ses congénères ou à un canard.

MÂLE ET FEMELLE

Bec jaune avec point orangé sur la mandibule* inférieure, pattes rosées, ailes grises avec le bout noir, corps blanc, dos gris.

CHANT

Aillâk... aillâh... aillâh-illâk ou *yuk-yuk-yuk-yuk-yukl-yukl* fort.

HABITAT

Îles des rivières, des lacs ou du fleuve, côtes, dépotoirs, villes.

LE SAVAIS-TU ?

CET OISEAU NICHE EN COLONIES SOUVENT SUR DES ÎLES. LES JEUNES ACQUIÈRENT LEUR PLUMAGE D'ADULTE APRÈS TROIS ANS.

GOÉLAND MARIN

Larus marinus

Plus gros que le Goéland argenté, il est facile à identifier grâce à son plumage sombre.

LE SAVAIS-TU ?

IL NICHE AUSSI EN COLONIES SURTOUT DANS LES RÉGIONS CÔTIÈRES. IL EST ABONDANT DANS LE SUD DU QUÉBEC DURANT LA SAISON FROIDE. IL ACQUIERT SON PLUMAGE D'ADULTE LA 3e ANNÉE.

♂♀ MÂLE ET FEMELLE

Bec jaune avec tache orangée sur la mandibule* inférieure, pattes rosées, dos et ailes noirs, reste du corps blanc.

CHANT

Kiow ou *âohk* grave.

HABITAT

Côtes, grands lacs, rivières, sites d'enfouissement.

CORNEILLE D'AMÉRIQUE

Corvus brachyrhynchos

Dans la catégorie des passereaux, la Corneille d'Amérique se classe au 2e rang au Québec, quant à sa taille, après le Grand Corbeau. Les corneilles qui ont migré plus au sud nous reviennent de la fin de février jusqu'à la fin de mars. C'est alors qu'on entend leur chant qui nous annonce bientôt le printemps.

MÂLE ET FEMELLE

Oiseau entièrement noir, bec fort et noir, queue longue et légèrement arrondie.

CHANT

***Cââ-câââ* très fort.**

HABITAT

Milieux à découvert, forêts, fermes, plages, champs cultivés.

LE SAVAIS-TU ?

EN HIVER, LES CORNEILLES NE MIGRENT PAS TOUTES. DANS LE SUD DU QUÉBEC, ELLES SE RASSEMBLENT PAR CENTAINES, VOIRE PAR MILLIERS, PERCHÉES DANS LES ARBRES POUR Y PASSER LA NUIT. ELLES SE NOURRISSENT DANS LES DÉPOTOIRS OU LES GRANDS CHAMPS OÙ ELLES TROUVENT DES CARCASSES D'ANIMAUX MORTS.

HARFANG DES NEIGES

Bubo scandiacus

Cet oiseau qui niche dans la toundra arctique vient chasser à l'occasion au sud du Québec en hiver.

♂ MÂLE

Gros oiseau blanc légèrement tacheté de brun foncé, yeux jaunes, tête ronde.

♀ FEMELLE

Fortement tachetée de brun foncé.

♪ CHANT

Silencieux en hiver. *Kraaou-aoou* ou *rik, rik, rik* durant la période de nidification.

HABITAT

En hiver plus au sud : champs, rivages ; en été : la toundra.

LE SAVAIS-TU ?

LE HARFANG DES NEIGES EST L'EMBLÈME AVIAIRE* DU QUÉBEC DEPUIS 1987. C'EST UN HIBOU, IL POSSÈDE DES AIGRETTES* À PEINE PERCEPTIBLES. IL EST LE SEUL HIBOU À NICHER AU SOL.

CHOUETTE RAYÉE

Strix varia

C'est la chouette la plus abondante dans le sud du Québec. Elle a un chant retentissant, facilement reconnaissable.

MÂLE ET FEMELLE

Yeux bruns, poitrine barrée à l'horizontale, ventre rayé à la verticale, grosse tête ronde, dos brun tacheté de blanc.

CHANT

Houhou-houhou, houhou-houhou-hâ-hârr.

HABITAT

Forêts matures riches en cavités et marais boisés.

LE SAVAIS-TU ?

C'EST LA SEULE CHOUETTE AUX YEUX BRUNS. ELLE NICHE DANS LE CREUX D'UN ARBRE.

GRAND PIC
Dryocopus pileatus

Le Grand Pic est le plus grand des pics. Il est de la taille de la corneille.

♂ MÂLE

Front et huppe* rouge vif, moustache rouge, rayures blanches à partir du bec jusqu'à l'épaule, bec fort, corps entièrement noir.

♀ FEMELLE

Front noir, n'a pas de moustache.

♪ CHANT

Cri retentissant : *kik-kik-kikkik-kik-kik.*

HABITAT

Forêts matures, mixtes ou de conifères.

LE SAVAIS-TU ?

ON L'APERÇOIT DANS LES PARCS URBAINS, LÀ OÙ IL Y A DE NOMBREUX ARBRES MATURES.

PETIT PINGOUIN
Alca torda

Son cousin le Grand Pingouin s'est éteint au début du XIXe siècle, car il était peu farouche et, ne pouvant voler, il a été chassé pour sa chair, ses plumes et ses œufs. Par contre, le Petit Pingouin peut voler et n'est pas menacé de disparaître.

♂♀ MÂLE ET FEMELLE

Ligne blanche verticale traversant un bec large et comprimé, trait blanc reliant l'œil à la base du bec, ligne blanche sur l'aile, tête et dos noirs, queue pointue et relevée, poitrine et ventre blancs.

♪ CHANT

Faible sifflement roulé ou *hé-al* guttural*, généralement silencieux.

HABITAT

Falaises côtières et haute mer.

LE SAVAIS-TU ?

CET OISEAU NICHE EN COLONIES. ON PEUT FACILEMENT L'OBSERVER AU DÉBUT DE L'ÉTÉ SUR LES PAROIS ROCHEUSES DE CAP DESROSIERS EN GASPÉSIE OU SUR UNE ÎLE ROCHEUSE PRÈS DE L'ÎLE AUX GRUES.

GRÈBE À BEC BIGARRÉ

Podilymbus podiceps

Ce petit oiseau aquatique est fascinant. Il niche sur les cours d'eau, les étangs et on peut l'apercevoir avec son poussin posé sur son dos.

♂♀ MÂLE ET FEMELLE

Bec de poule pâle, traversé d'un trait vertical foncé, sans queue, gorge et menton foncés, plumage brun foncé, pattes lobées*.

CHANT

Cri fort : *coup-coup-coup-coup-coup-cououp-cououp.*

HABITAT

Marais, lacs et étangs.

LE SAVAIS-TU ?

EN HIVER, IL PERD SES TACHES AU BEC ET AU COU.

GALLINULE D'AMÉRIQUE

Gallinula galeata

Autrefois appelée Poule d'eau, puis Gallinule poule-d'eau, maintenant elle porte le nom de Gallinule d'Amérique.

MÂLE ET FEMELLE

Plumage noir, bandes blanches sur les flancs et sous la queue (*sous-caudales*), plaque frontale rouge, bec court, rouge vif, se terminant par une pointe jaune, pattes jaune verdâtre, doigts longs.

CHANT

Caquetage plaintif et fort ou à répétition : *kr-r-r-rouk* rauque ou encore *kîk-kîk-kîk*.

HABITAT

Marais d'eau douce et étangs.

LE SAVAIS-TU ?

ON NE L'OBSERVE QUE DANS LE SUD DU QUÉBEC.

FAUCON ÉMERILLON

Falco columbarius

Cette espèce est de plus en plus répandue dans les villes. Elle chasse les petits oiseaux aux mangeoires ou dans les marais.

LE SAVAIS-TU ?

À LA FIN DE L'ÉTÉ, ON VOIT SOUVENT LES JEUNES (*JUVÉNILES*) APPRENDRE À CHASSER DES PROIES* AU-DESSUS DES MARAIS. IL HOCHE LA TÊTE À LA RECHERCHE D'UNE PROIE* POTENTIELLE.

♂ MÂLE

Dos gris-bleu, queue grise avec de larges bandes noires, moustache foncée, poitrine brun foncé.

♀ FEMELLE

Poitrine et dos brun foncé.

♪ CHANT

Généralement silencieux. Émet un cri très aigu : *kikikikikiki* particulièrement lorsqu'on s'approche de son nid.

HABITAT

Forêts de conifères, en migration dans les milieux ouverts.

STERNE PIERREGARIN

Sterna hirundo

La Sterne pierregarin niche en colonies en Gaspésie près du fleuve. Il faut éviter de les déranger, cette espèce défend son nid et peut attaquer les visiteurs un peu trop curieux.

♂♀ MÂLE ET FEMELLE

Calotte noire, long bec pointu, orange foncé avec pointe noire, ailes grises avec légère bande noire au bout des primaires*, pointe des ailes dépassant de peu la queue, lorsque posée.

♪ CHANT

Émet un *kî-arr* perçant et strident ou *kik-kik-kik*; *kirri-kirri* rapide.

HABITAT

En été près des plans d'eau douce ou salée, en hiver, sur la côte.

LE SAVAIS-TU?

EN VOL, SA QUEUE FOURCHUE RESSEMBLE À CELLE D'UNE HIRONDELLE, D'OÙ SON SURNOM D'HIRONDELLE DE MER.

TOURTERELLE TRISTE

Zenaida macroura

Ce n'est qu'à partir des années 1980 qu'on a pu observer les premières tourterelles migratrices. Sa population est maintenant abondante et les tourterelles passent l'hiver avec nous.

MÂLE ET FEMELLE

Petite tête, queue longue, pointue, bordée de blanc, quelques taches foncées sur l'aile et la joue, couleur beige.

CHANT

***Rou-cou-cou* sourd et mélancolique.**

HABITAT

Champs, villes et villages.

LE SAVAIS-TU ?

LE CHANT DU GRAND-DUC D'AMÉRIQUE, ENTENDU LA NUIT, RESSEMBLE AU CHANT DE LA TOURTERELLE TRISTE. ON ENTEND CELLE-CI PLUS FRÉQUEMMENT DURANT LE JOUR EN PÉRIODE DE NIDIFICATION.

PIGEON BISET

Columba livia

Ayant été domestiqué, le Pigeon biset existe dans un grand éventail de couleurs. Il est l'ancêtre du Pigeon domestique. Voici l'espèce typique décrite ci-dessous.

MÂLE ET FEMELLE

Queue large avec l'extrémité foncée, croupion* blanc, barres alaires* noires, reflets verts ou mauves dans le cou et sur la poitrine, oiseau gris, bec mince et court.

CHANT

Roucoule un *cou-cou-cou.*

HABITAT

Villes, fermes et ponts.

LE SAVAIS-TU ?

CET OISEAU COSMOPOLITE* RÉPANDU À TRAVERS LE MONDE EST UN DES OISEAUX LES PLUS CONNUS. IL NICHE DANS LES CREVASSES, LES TROUS OU SOUS LES PONTS.

GUILLEMOT À MIROIR

Cepphus grylle

Cet oiseau est fascinant à observer : lorsqu'il ouvre le bec, l'intérieur est d'un rouge vif de la même couleur que ses pattes.

⚥ MÂLE ET FEMELLE

Bec noir long et pointu, grandes taches blanches miroir* sur les ailes, intérieur du bec et pattes rouges, globalement tout noir en été.

♪ CHANT

***Piiiii* comme un sifflement nasal très aigu.**

HABITAT

Sur les eaux côtières ou sur les côtes rocheuses en période de nidification.

LE SAVAIS-TU ?

IL PEUT ÊTRE OBSERVÉ D'ASSEZ PRÈS À CAP DESROSIERS OU SUR LES ESCARPEMENTS ROCHEUX DE L'ÎLE D'ANTICOSTI.

MARTIN-PÊCHEUR D'AMÉRIQUE

Megaceryle alcyon

On peut observer le Martin-pêcheur d'Amérique au loin et son cri retentissant peut être entendu facilement au-dessus des cours d'eau. Mais dès qu'on s'approche pour mieux l'admirer, il s'envole.

♂ MÂLE

Grosse tête huppée de couleur gris-bleu, bande grise sur la poitrine, queue courte, bec puissant, dos bleu grisâtre, cou et ventre blancs.

♀ FEMELLE

Large bande rousse traversant le ventre.

♪ CHANT

***Ta-ta-ta-ta-ta* comme un bruit de crécelle*.**

HABITAT

Bordure des lacs, rivières et côtes.

LE SAVAIS-TU ?

IL EST SEUL DE SA FAMILLE (*ALCÉDINIDÉS*) AU QUÉBEC. ON L'APERÇOIT AU-DESSUS DES COURS D'EAU FAIRE DU VOL SUR PLACE PUIS EFFECTUER UN PLONGEON VERTIGINEUX, TÊTE PREMIÈRE POUR Y ATTRAPER UN POISSON.

RÂLE DE VIRGINIE

Rallus limicola

Petit oiseau discret, il est plus facile à entendre qu'à apercevoir, surtout au travers des quenouilles.

MÂLE ET FEMELLE

Long bec rougeâtre, tête grisâtre avec calotte plus foncée, flancs rayés de noir et de blanc, corps roux, dos tacheté de brun foncé, queue courte, légèrement relevée.

LE SAVAIS-TU ?

CONTRAIREMENT À CE QUE LA PHOTO PEUT LAISSER CROIRE, CET OISEAU EST TOUT PETIT, DE LA TAILLE D'UN MERLE.

CHANT

Kidik-kidik-kidik métallique suivi d'une série de grognements descendants faisant penser à un ricanement.

HABITAT

Marais d'eau douce et salée.

PLUVIER KILDIR

Charadrius vociferus

Qui n'a pas déjà entendu le Pluvier kildir émettre son cri strident pour attirer notre attention et feindre d'être blessé en se sauvant l'aile pendante ou en étalant sa queue pour nous éloigner du nid ?

MÂLE ET FEMELLE

Deux colliers foncés, petit bec noir et pointu, tête et dos bruns, poitrine et ventre blancs, longue queue bordée de blanc.

CHANT

***Kildii, kildii* comme son nom le dit ; souvent entendu tard en soirée ou lorsqu'il est dérangé.**

HABITAT

Au printemps et à l'automne, fréquente les rivages. En période de nidification : champs, labours, bord des chemins en gravier.

LE SAVAIS-TU ?

CET OISEAU FAIT SON NID AU SOL ET SES ŒUFS SE CONFONDENT DANS LA NATURE. LES PETITS, AUSSITÔT NÉS, QUITTENT LE NID ET SUIVENT LES PARENTS. IL EST UN DES PREMIERS OISEAUX MIGRATEURS À REVENIR AU PRINTEMPS.

CHEVALIER GRIVELÉ

Actitis macularius

On l'observe facilement sur le bord des petits cours d'eau autant que sur le bord du fleuve. C'est un des plus communs parmi les petits échassiers.

LE SAVAIS-TU ?

AUTREFOIS ON L'APPELAIT LE CHEVALIER BRANLEQUEUE PARCE QU'IL REMUE CONTINUELLEMENT SON ARRIÈRE-TRAIN DE HAUT EN BAS LORSQU'IL EST IMMOBILISÉ.

MÂLE ET FEMELLE

Poitrine et ventre blancs ornés de grosses taches brunes et rondes, dos brun, sourcil blanc, bec orangé avec pointe noire, pattes jaunâtres.

CHANT

Pit-ouit ou *pi-huit-huit-huit*.

HABITAT

Tous les rivages d'eau douce ou salée.

PETIT CHEVALIER

Tringa flavipes

On l'observe rarement au printemps mais pendant la migration automnale, on le remarque en grand nombre sur le bord du fleuve.

MÂLE ET FEMELLE

Gris-brun tacheté de blanc, long bec droit, longues pattes jaunes.

CHANT

Piou-piou.

HABITAT

Tous les milieux humides.

LE SAVAIS-TU ?

VU PARFOIS EN COMPAGNIE DU GRAND CHEVALIER, BEAUCOUP PLUS GROS ET POURVU D'UN BEC PLUS LONG.

BÉCASSINE DE WILSON

Gallinago delicata

C'est au printemps que le mâle exécute sa parade aérienne. Il vole à une altitude d'une centaine de mètres puis effectue un piqué. Pendant cette chute, l'air passant à travers les plumes de sa queue émet un *hou-hou-hou-hou* qu'on peut souvent entendre de loin.

LE SAVAIS-TU ?

LA BÉCASSINE DE WILSON, AUTREFOIS APPELÉE BÉCASSINE DES MARAIS, NICHE AU SOL DANS UNE LÉGÈRE DÉPRESSION BIEN CAMOUFLÉE DANS LES GRANDES HERBES.

⚥ MÂLE ET FEMELLE

Long bec droit, raies chamois sur le dos, tête rayée, pattes courtes, courte queue.

♪ CHANT

Tchip-a tchip-a tchip-a.

HABITAT

Marais, champs humides et tourbières.

PIC MACULÉ

Spyrapicus varius

Il est le seul à migrer avec le Pic flamboyant. Les autres pics restent avec nous en hiver.

♂ MÂLE

Tache rouge sur le front et la gorge, face rayée de noir et de blanc, tache blanche allongée sur l'aile noire, ventre crème et jaune avec collier noir près de la gorge, dos rayé.

♀ FEMELLE

Gorge blanche.

♪ CHANT

Tchair ressemblant à un miaulement.

HABITAT

Forêt de feuillus ou mixtes, parcs urbains.

LE SAVAIS-TU ?

CE PIC PERCE DE PETITS TROUS ALIGNÉS SUR LE TRONC D'UN ARBRE POUR S'ABREUVER DE LA SÈVE QUI JAUNIT SON PLUMAGE À LA LONGUE. SOUVENT DES FOURMIS VONT S'Y ABREUVER ET ELLES SERVIRONT DE NOURRITURE À SES OISILLONS.

PIC CHEVELU

Picoides villosus

Comme tous les pics, le Pic chevelu creuse un trou dans un arbre pour y faire son nid. Après son passage, d'autres espèces occuperont ce nid : la sittelle et la mésange seront les prochains locataires.

♂ MÂLE

Dos blanc, long bec pointu, tache rouge derrière la tête séparée par un trait noir, ailes noires tachetées de blanc, queue bordée de blanc.

♀ FEMELLE

Sans tache rouge derrière la tête.

♪ CHANT

Piik perçant, crépitement ressemblant à celui du Martin-pêcheur.

HABITAT

Forêts de feuillus, mixtes ou de conifères, parcs urbains.

LE SAVAIS-TU ?

CONTRAIREMENT AU PIC MINEUR, LE PIC CHEVELU N'A PAS DE POINTS NOIRS SUR LES *RECTRICES** EXTERNES DE SA QUEUE.

PIC FLAMBOYANT

Colaptes auratus

Cet oiseau ne passe pas l'hiver avec nous, il migre vers des cieux plus cléments où il trouvera des insectes au sol, particulièrement les fourmis qui constituent 45 % de son régime alimentaire.

♂ MÂLE

Tache rouge en demi-lune sur la nuque, tache noire en demi-lune sur la poitrine, moustache noire, poitrine chamois fortement tachetée et ornée d'un collier noir, ventre jaune doré, tacheté de points noirs, dos brun rayé de noir.

♀ FEMELLE

Dépourvue de moustache.

♪ CHANT

Ouika, ouika, ouika, ouika, ouika, ou *kékéké-kéké* fort.

HABITAT

Parcs, forêts claires, jardins, bosquets.

LE SAVAIS-TU ?

EN VOL, IL EST FACILE À RECONNAÎTRE, IL SUFFIT DE REMARQUER SON CROUPION* BLANC, LE DESSOUS DE SES AILES ET DE SA QUEUE JAUNE DORÉ.

GEAI BLEU

Cyanocitta cristata

Comme tous les corvidés*, le Geai bleu est très méfiant. Il faut se tenir à une distance respectable pour l'observer. Cet oiseau nous fascine autant par sa prestance, ses cris retentissants, son audace que par sa curiosité.

LE SAVAIS-TU ?

ON LE SURNOMME LA SENTINELLE DES FORÊTS. IL AVERTIT LES AUTRES D'UN DANGER PAR SON CRI RETENTISSANT. IL IMITE AUSSI LES CRIS D'AUTRES ESPÈCES COMME LA BUSE À ÉPAULETTES.

♂♀ MÂLE ET FEMELLE

Dos bleu azuré, huppe* bleue, collier noir, gorge et ventre gris pâle, ailes et longue queue rayées de noir et de points blancs.

♪ CHANT

Djé djé retentissant, *coui-dul, couidul* musical.

HABITAT

Forêts de feuillus ou mixtes, parcs urbains.

MÉSANGEAI DU CANADA

Perisoreus canadensis

Ce bel oiseau peu farouche est bien connu des bûcherons, des chasseurs et des skieurs de randonnée. Il n'hésite pas à s'approcher des humains pour prendre leur nourriture.

♂♀ MÂLE ET FEMELLE

Nuque noire, bec foncé, dos et longue queue gris moyen, front, gorge et ventre gris pâle.

♪ CHANT

***Oui-ah* doux, cris variés.**

HABITAT

Forêts de conifères, surtout le sapin et l'épinette.

LE SAVAIS-TU ?

CET OISEAU PEUT VENIR MANGER DANS TA MAIN SI TU LUI OFFRES DES ARACHIDES. ON PEUT L'OBSERVER DANS LA FORÊT MONTMORENCY PRÈS DE QUÉBEC, AU PARC NATIONAL DU MONT-MÉGANTIC EN ESTRIE ET AU PARC NATIONAL DES GRANDS-JARDINS DANS CHARLEVOIX.

TYRAN TRITRI
Tyrannus tyrannus

On confond souvent le Tyran tritri avec l'hirondelle bicolore. On le différencie par sa taille (il est plus plus grand que l'hirondelle) et la bordure blanche à l'extrémité de sa queue.

LE SAVAIS-TU?

AGRESSIF, IL NE S'EN LAISSE PAS IMPOSER MÊME PAR LES OISEAUX DE PLUS GRANDE TAILLE. IL HARCÈLE LE CAROUGE, LE QUISCALE ET MÊME LA CORNEILLE QUI TRAVERSENT SON TERRITOIRE DE NIDIFICATION.

⚥ MÂLE ET FEMELLE

Queue carrée noire, bordure blanche à l'extrémité de la queue, tête et dos noirs, gorge et ventre blancs.

♪ CHANT

Cris aigus: *kitrîkitrîkitrî k-trîî k-trîî* et *tsîîr* répétés sans interruption.

HABITAT

Lieux à découvert à la campagne, dans les vergers, au bord des marais, des étangs ou des lacs.

MERLE D'AMÉRIQUE

Turdus migratorius

Arrivé tôt au printemps, il nous égaie par son chant, de tôt le matin jusqu'à la fin du jour.

♂ MÂLE

Dos gris foncé, poitrine rouge brique, croissants blancs entourant l'œil, tête et queue noirâtres, bec jaune.

♀ FEMELLE

Plus terne, tête et queue grises, poitrine orange pâle.

♪ CHANT

Turlit turlu*, répété sans cesse, cri d'alarme : *tiip* aigu ou *tut-tut-tut.

HABITAT

Villes, fermes, prairies, forêts.

LE SAVAIS-TU ?

DANS LE SUD DU QUÉBEC, IL ARRIVE QUE CERTAINS HIVERS LE MERLE D'AMÉRIQUE HIVERNE. IL SE NOURRIT ALORS DE FRUITS RESTÉS DANS LES ARBRES.

MOQUEUR CHAT

Dumetella carolinensis

Le Moqueur chat apprécie les bains d'oiseaux et les fruits des arbustes fruitiers.

⚥ MÂLE ET FEMELLE

Calotte noire, couvertures sous-caudales* rousses, oiseau presque entièrement gris foncé.

♪ CHANT

Miaulement caractéristique du chat, d'où son nom, phrases détachées sans suite.

HABITAT

Broussailles, buissons, parcs et jardins.

LE SAVAIS-TU ?

CET OISEAU A UN VRAI TALENT D'IMITATEUR. IL PEUT REPRODUIRE CERTAINS BRUITS AINSI QUE LE CHANT D'AUTRES OISEAUX.

ÉTOURNEAU SANSONNET

Sturnus vulgaris

L'Étourneau sansonnet a été introduit à New York au XIXe siècle. Il s'est répandu à travers toute l'Amérique et on en compte aujourd'hui plus de 200 millions.

MÂLE ET FEMELLE

Plumage noir irisé*, légèrement tacheté, bec jaune, noir en hiver, queue courte et carrée.

CHANT

Sifflements clairs, glousements, gazouillis, imitation d'autres espèces d'oiseaux, surtout le Pluvier kildir au printemps.

HABITAT

Villes, champs, bosquets.

LE SAVAIS-TU ?

L'ÉTOURNEAU SANSONNET A SU S'ADAPTER À SON ENVIRONNEMENT. AU PRINTEMPS, IL UTILISE LES OUVERTURES DANS LES STRUCTURES DES FEUX DE CIRCULATION POUR Y FAIRE SON NID. À L'AUTOMNE, LES JEUNES DE L'ANNÉE N'ONT PAS ENCORE ACQUIS LEUR PLUMAGE ADULTE. ILS SONT BRUNÂTRES ET TACHETÉS.

CARDINAL À POITRINE ROSE

Pheuctitus ludovicianus

Peu farouche, le mâle se laisse admirer avec sa belle bavette rose.

♂ MÂLE

Tête, queue et dos noirs, larges barres alaires* sur les ailes noires, triangle rouge rosé sur la poitrine, ventre blanc, gros bec pâle, croupion* blanc.

LE SAVAIS-TU ?

LE MÂLE ET LA FEMELLE CHANTENT. LA FEMELLE EST COMPLÈTEMENT DIFFÉRENTE DU MÂLE. ELLE RESSEMBLE À UN GROS BRUANT.

♀ FEMELLE

Entièrement rayée, sourcil blanc.

CHANT

Chant mélodieux ressemblant à celui du Merle d'Amérique, cri : *tchink* métallique.

HABITAT

Forêts de feuillus ou mixtes.

CARDINAL ROUGE

Cardinalis cardinalis

Entièrement rouge à l'exception de son masque noir entourant son bec. Il ne laisse personne indifférent, surtout lorsqu'il relève sa belle huppe*.

♂ MÂLE

Gros bec conique, huppe* rouge, tour du bec noir, plumage rouge flamboyant.

♀ FEMELLE

Plumage brun chamois, bec, huppe*, ailes et queue rougeâtres.

CHANT

Ouat-tiou-tiou ou trouit répété 3 fois, sifflement clair et retentissant ou cri : *tchip* métallique.

HABITAT

Orée des bois, villes et villages, jardins, parcs.

LE SAVAIS-TU ?

ON LE VOIT RAREMENT À LA CAMPAGNE OU DANS LES FORÊTS. LORSQUE TU ENTENDS SON *TCHIP* MÉTALLIQUE, FAIS-TOI DISCRET, NE BOUGE SURTOUT PAS SI TU VEUX L'ADMIRER. LE CARDINAL ROUGE EST UN OISEAU FAROUCHE, IL NE SE LAISSE PAS ADMIRER FACILEMENT.

CARROUGE À ÉPAULETTES

Agelaius phoeniceus

La population du Carouge à épaulettes est très élevée et très étendue à travers le Québec. Arrivé tôt au printemps (mi-mars – début avril), il fréquente alors les mangeoires puis regagne rapidement son aire de nidification. La femelle arrive 2 à 3 semaines plus tard.

LE SAVAIS-TU ?

ON LE SURNOMME « LE CAPORAL » À CAUSE DE SES ÉPAULETTES ROUGES. LA SAISON DE NIDIFICATION TERMINÉE, LE CAROUGE À ÉPAULETTES COMMENCE SA MIGRATION. À LA FIN DU JOUR, ILS SE RÉUNISSENT PAR MILLIERS, SOUVENT EN COMPAGNIE DE QUISCALES ET DE VACHERS.

♂ MÂLE

Corps entièrement noir, épaulettes rouges bordées de jaune, bec noir et pointu.

♀ FEMELLE

Entièrement rayée de brun foncé, calotte brun foncé, trait brun foncé traversant l'œil.

♪ CHANT

Ti-ur aigu ou *konk-la ri* sonore.

HABITAT

Marais, champs cultivés ou bord des routes.

QUISCALE BRONZÉ

Quiscalus quiscula

On le voit souvent rassemblés en d'immenses volées d'oiseaux noirs au printemps et à l'automne.

♂ MÂLE

Œil jaune, bec long et pointu, longue queue, plumage noir irisé* : reflets brun cuivré, verdâtres, bleus métalliques ou violets.

♀ FEMELLE

Noire presque sans reflets, queue plus courte.

♪ CHANT

Ressemblant au grincement d'une poulie de corde à linge : *goulouîîk*, cri : *tchak*.

HABITAT

Champs cultivés, bord de l'eau, parcs des villes et banlieues.

LE SAVAIS-TU ?

APRÈS LA NIDIFICATION, IL ENVAHIRA LES POSTES DE MANGEOIRES PAR DIZAINES. IL FAUT ALORS CESSER DE METTRE DES GRAINES POUR ÉVITER QU'ILS S'INSTALLENT JUSQU'À LA MIGRATION AUTOMNALE.

ORIOLE DE BALTIMORE

Icterus galbula

L'Oriole de Baltimore construit son nid en forme de petit sac suspendu à une branche de peuplier et bien camouflé par le feuillage. Ce n'est qu'à la tombée des feuilles à l'automne que tu découvriras le nid.

LE SAVAIS-TU ?

IL APPRÉCIE UNE MOITIÉ D'ORANGE FIXÉE SUR UN PIQUET ; IL EST ÉGALEMENT ATTIRÉ PAR LES ABREUVOIRS D'EAU SUCRÉE.

♂ MÂLE

Orange vif, tête et gorge entièrement noires, ailes, queue et dos noirs et orangés, barres alaires.

♀ FEMELLE

Plutôt brune, dessous orange plus pâle.

CHANT

Sifflements flûtés et enjoués, très forts ou *trrrrrrrrrr,* cri : *iouli* sifflé.

HABITAT

Boisés de feuillus, parcs. Affectionne le peuplier faux-tremble.

VACHER À TÊTE BRUNE

Molothrus ater

Grégaire* au printemps et à l'automne, il fait partie de la grande famille des oiseaux noirs.

♂ MÂLE

Corps entièrement noir, tête brune, bec conique.

♀ FEMELLE

Entièrement d'un brun grisâtre.

♪ CHANT

***Gloug-gloug-glii* coulant puis grinçant.**

HABITAT

Pâturages, lisières des boisés.

LE SAVAIS-TU ?

CET OISEAU POND SES ŒUFS DANS LE NID D'AUTRES ESPÈCES D'OISEAUX. C'EST CE QU'ON APPELLE PARASITER UN NID, COMME LE FAIT LE COUCOU D'EUROPE.

DURBEC DES SAPINS

Pinicola enucleator

Peu farouche, on l'observe surtout en hiver dans les arbustes fruitiers.

LE SAVAIS-TU ?

LORSQUE LA NOURRITURE SE FAIT PLUS RARE AU NORD ET QUE LA POPULATION DE DURBECS DES SAPINS EST NOMBREUSE, ON LE VOIT ENVAHIR LE SUD DU QUÉBEC. IL PEUT À L'OCCASION FRÉQUENTER LES MANGEOIRES. IL S'ASSOCIE PARFOIS AUX BANDES DE JASEURS BORÉAUX POUR SE GAVER DE POMMETTES DANS LES ARBUSTES FRUITIERS.

♂ MÂLE

Plumage rouge framboise, ailes noires, barres alaires*, queue longue et foncée.

♀ FEMELLE

Grise, tête et croupion* de teinte rouille.

♪ CHANT

Ti-tiou-tiou sifflé, aussi *tchi-vli* musical.

HABITAT

Forêts de conifères, en hiver, aperçu dans les forêts mixtes en ville ou en banlieue.

À L'AUTOMNE

BÉCASSEAU SANDERLING

Calidris alba

Le Bécasseau sanderling suit la limite des vagues en courant rapidement et en s'arrêtant brièvement pour attraper sa nourriture.

♂♀ MÂLE ET FEMELLE

En migration : bec noir droit et court, nuque, dos et ailes gris pâle, face, gorge, poitrine et ventre blancs, trait noir sur l'épaule pas toujours visible.

CHANT

Touik ou *kouit*.

HABITAT

En été, dans la toundra, en migration sur les plages et les battures* de la côte est.

LE SAVAIS-TU ?

EN PLUMAGE HIVERNAL, C'EST LE BÉCASSEAU LE PLUS PÂLE.

BÉCASSEAU SEMIPALMÉ

Calidris pusilla

En migration, le Bécasseau semipalmé est le plus abondant des bécasseaux.

LE SAVAIS-TU ?

IL EST FACILE DE LE CONFONDRE AVEC LE BÉCASSEAU MINUSCULE, PLUS PETIT ET PLUS BRUNÂTRE. IL EST IMPORTANT DE REMARQUER LA COULEUR DE SES PATTES NOIRÂTRES QUI LE DIFFÉRENCIE DU BÉCASSEAU MINUSCULE AUX PATTES JAUNES.

MÂLE ET FEMELLE

Bec noir plus épais que celui du Bécasseau minuscule, rayé sur les flancs, pattes noirâtres, poitrine et ventre blancs, petit oiseau gris-brun.

CHANT

***Tchit* ou *tchéh*.**

HABITAT

Plages, vasières ou toundra en été.

BÉCASSEAU MINUSCULE

Calidris minutilla

Comme son nom l'indique, c'est le plus petit de nos bécasseaux.

MÂLE ET FEMELLE

Bec noir, mince et légèrement recourbé vers le bas, poitrine fortement rayée, pattes jaune verdâtre, dos brun, ventre blanc.

CHANT

Kri-it ténu.

HABITAT

Rivages, vasières, marais, toundra en été.

LE SAVAIS-TU ?

ON L'APERÇOIT EN GRAND NOMBRE DANS LES MIGRATIONS, SOUVENT EN COMPAGNIE DU BÉCASSEAU SEMIPALMÉ.

COLIBRI À GORGE RUBIS

Archilochus colubris

Le Colibri à gorge rubis est le seul de sa famille au Québec et il ne mesure que 9 cm.

♂ MÂLE

Gorge rouge rubis au soleil mais sombre à l'ombre, corps vert irisé*, très long bec en aiguille, poitrine et ventre blancs.

♀ FEMELLE

Gorge blanche.

♪ CHANT

Le mâle émet des petits cris aigus, surtout des bourdonnements.

HABITAT

Partout où il y a des fleurs : lisières des forêts, près de l'eau, parcs et jardins.

LE SAVAIS-TU ?

CE COLIBRI EST LE SEUL À POUVOIR VOLER À RECULONS OU DE BAS EN HAUT. IL ÉMET ENVIRON 55 À 75 BATTEMENTS D'AILE À LA SECONDE.

C'est le plus petit des pics. Il ressemble beaucoup à son cousin le Pic chevelu, qui est de plus grande taille et possède un bec plus long.

PIC MINEUR

Picoides pubescens

CHANT

Cri rapide descendant et *pik*.

HABITAT

Forêts de feuillus ou mixtes, bosquets, parcs urbains.

♂ MÂLE

Dos blanc, bec plus court que la longueur de la tête, ailes noires tachetées de blanc, tache rouge derrière la tête, queue noire avec rectrices* externes blanches tachetées de noir.

♀ FEMELLE

Dépourvue de tache rouge.

LE SAVAIS-TU ?

LA TACHE ROUGE DU MÂLE N'EST PAS SÉPARÉE PAR UN TRAIT NOIR CONTRAIREMENT À CELLE DU PIC CHEVELU.

MOUCHEROLLE PHÉBI
Sayornis phoebe

Comme son nom l'indique, ce petit oiseau aime bien attraper en vol les insectes. Il est reconnaissable au hochement de sa queue lorsqu'il se pose.

LE SAVAIS-TU ?

IL LUI ARRIVE DE NICHER À L'INTÉRIEUR OU À L'EXTÉRIEUR DES HABITATIONS À LA CAMPAGNE OU DANS LES PARCS.

⚥ MÂLE ET FEMELLE

Tête, queue et dos gris-brun, gorge et ventre blancs ; à l'automne, le ventre se teinte de jaune crème ; petit bec noir.

♪ CHANT

***Fibi, fibi…* comme son nom le dit.**

HABITAT

Bord des cours d'eau, près des habitations à la campagne, bord des routes, jardins.

VIRÉO AUX YEUX ROUGES

Vireo olivaceus

Comme son nom l'indique, il a les yeux rouges, mais il n'est pas facile d'en voir la couleur même à l'aide de jumelles. Vous ne les verrez que sous certains angles et avec une bonne luminosité.

MÂLE ET FEMELLE

Sourcil blanc accentué d'un trait noir, trait noir traversant l'œil rouge, dos olive, calotte grise, ventre blanc.

CHANT

***Dizhuit* montant, *dizhuit* descendant, rapide et répété sans cesse.**
Cri : *tchoin* nasal.

HABITAT

Forêts mixtes.

LE SAVAIS-TU ?

SOUVENT PERCHÉ HAUT DANS LES ARBRES, IL EST DIFFICILE À REPÉRER. MAIS IL EST FACILE DE DÉTECTER SON CHANT, QU'IL ÉMET À TOUTE HEURE DU JOUR. IL FAUT S'ARMER DE PATIENCE ET ATTENDRE QU'IL MANIFESTE SA PRÉSENCE.

ALOUETTE HAUSSE-COL

Eremophila alpestris

Observée surtout en hiver dans le sud du Québec, on l'aperçoit plus au nord à l'automne et au printemps en migration.

♂♀ MÂLE ET FEMELLE

Sourcil noir se terminant par une petite corne, favoris noirs sur la joue, demi-lune noire sur la gorge jaune, face jaune, nuque et dos bruns, poitrine plus ou moins rayée de brun, ventre blanc.

CHANT

Tsî-titi clair.

HABITAT

Milieux ouverts dans les labours, champs dénudés, bord des routes en hiver, toundra en été.

LE SAVAIS-TU ?

AUTREFOIS, ON L'APPELAIT L'ALOUETTE CORNUE À CAUSE DE SES DEUX PETITES CORNES NOIRES.

HIRONDELLE NOIRE

Progne subis

Beaucoup plus abondante autrefois, on ne l'aperçoit aujourd'hui que dans la région de Montréal et le long du fleuve jusqu'à Québec.

♂ MÂLE

Plumage bleu foncé, ailes et ventre noirs, queue légèrement fourchue.

♀ FEMELLE

Gorge et poitrine grisâtres, dos gris-brun tacheté de bleu foncé, ventre pâle.

CHANT

Émet un gazouillis : *tchiou-ouiou* ou *piou piou* étouffé et guttural*.

HABITAT

Milieux urbains, près de l'eau.

LE SAVAIS-TU ?

C'EST LA SEULE ESPÈCE D'HIRONDELLES QUI NICHE EN COLONIES DANS DES NICHOIRS À CONDOS. ELLE EST DE PLUS GRANDE TAILLE QUE LES AUTRES ESPÈCES DE SA FAMILLE.

HIRONDELLE BICOLORE

Tachycineta bicolor

L'Hirondelle bicolore arrive tôt au printemps, généralement à la mi-avril. Sa population est en constante diminution. On ignore encore les raisons de la baisse de ses effectifs.

LE SAVAIS-TU ?

L'HIRONDELLE BICOLORE EST SOUVENT PERCHÉE SUR LES FILS TÉLÉPHONIQUES OU SUR LES BRANCHES MORTES.

MÂLE ET FEMELLE

Dos et ailes bleu métallique, gorge, poitrine et ventre blancs, queue longue et légèrement arquée.

CHANT

Tchi-vit, tchi-vit.

HABITAT

Près de l'eau au printemps, zones dégagées près des boisés, marais, villes et banlieues.

HIRONDELLE RUSTIQUE

Hirundo rustica

L'hirondelle rustique, qui portait le nom d'Hirondelle des granges, se nourrit en vol au-dessus de l'eau ou des champs.

MÂLE ET FEMELLE

Ailes et dos bleu métallique, gorge marron, longue queue fourchue, ventre chamois.

CHANT

Kvit-kvit en joyeux gazouillis.

HABITAT

Lieux à découvert, champs, marais et lacs ou près des habitations à la campagne.

LE SAVAIS-TU ?

AUTREFOIS ELLE NICHAIT RÉGULIÈREMENT DANS LES GRANGES. AUJOURD'HUI LES GRANGES SONT CONSTRUITES SANS ACCÈS POUR LES HIRONDELLES.

SITTELLE À POITRINE BLANCHE

Sitta carolinensis

Comme la Sittelle à poitrine rousse, la Sittelle à poitrine blanche se déplace tête en bas sur le tronc des arbres pour y trouver sa nourriture.

LE SAVAIS-TU ?

LES DEUX ESPÈCES DE SITTELLES PEUVENT SE NOURRIR À NOS MANGEOIRES DE TOURNESOL OU D'ARACHIDES. ELLES PEUVENT AUSSI OCCUPER DES NICHOIRS BIEN AMÉNAGÉS POUR ELLES.

♂ MÂLE

Calotte noire, courte queue carrée, bec légèrement retroussé, face et ventre blancs, dos gris-bleu.

♀ FEMELLE

Plus pâle, calotte gris foncé.

♪ CHANT

Han han han rapide, fait penser à un ricanement.

HABITAT

Forêts de feuillus ou mixtes.

SITTELLE À POITRINE ROUSSE

Sitta canadensis

La Sittelle à poitrine rousse est plus petite que sa cousine la Sittelle à poitrine blanche. On la retrouve dans les forêts mixtes.

♂ MÂLE

Calotte noire, trait noir traversant l'œil, courte queue carrée, poitrine rousse, bec mince et retroussé.

♀ FEMELLE

Dessus de la tête gris foncé, poitrine d'un roux plus pâle.

♪ CHANT

***Hank, hank,* fait penser au bruit d'une trompette.**

HABITAT

Forêts de conifères ou mixtes.

LE SAVAIS-TU ?

LA PETITE SITTELLE À POITRINE ROUSSE SE DÉPLACE SUR LE TRONC DES ARBRES, LA TÊTE EN BAS, EN QUÊTE D'INSECTES CACHÉS SOUS L'ÉCORCE.

MÉSANGE À TÊTE NOIRE

Poecile atricapillus

Qui ne connaît pas la petite Mésange à tête noire ? Elle est souvent la première à venir visiter nos mangeoires.

LE SAVAIS-TU ?

LORSQUE TU ENTENDS OU APERÇOIS UNE PETITE MÉSANGE, SOIS AUX AGUETS, ELLE N'EST PRESQUE JAMAIS SEULE, ELLE EST SOIT AVEC DES MEMBRES DE SA FAMILLE, SOIT AVEC DES ESPÈCES MIGRATRICES. CES DERNIÈRES SUIVENT LA MÉSANGE, QUI CONNAÎT BIEN SON TERRITOIRE.

MÂLE ET FEMELLE

Tête noire, joues blanches, gorge noire, dos gris, ventre blanc, flancs chamois.

CHANT

Tchic-a-di-di-di ou *di-di-di,* chant sifflé : *ti-ou.*

HABITAT

Forêts de feuillus ou mixtes, bosquets, villes et banlieues.

TROGLODYTE FAMILIER

Troglodytes aedon

Ce petit oiseau trapu et vif fait entendre son chant enjoué tout au long du jour.

MÂLE ET FEMELLE

Ailes et queue brun rayé, ventre pâle, anneau oculaire pâle, face brune sans rayures.

CHANT

Cascades de notes montantes et descendantes à la fin, gloussement.

HABITAT

Bois clairsemés, jardins, près des habitations, villes et banlieues.

LE SAVAIS-TU ?

LE TROGLODYTE FAMILIER PEUT NICHER DANS TOUTES SORTES D'ENDROITS INUSITÉS : POTS DE FLEURS, BOÎTES AUX LETTRES. LORSQUE LA FEMELLE NOURRIT LA PREMIÈRE COUVÉE, LE MÂLE ENTREPREND LA CONSTRUCTION D'UN AUTRE NID.

GRIVE SOLITAIRE
Catharus guttatus

Son chant nous enchante au début et à la fin du jour lorsqu'elle nous gratifie de son concert.

♂♀ MÂLE ET FEMELLE

Tête, ailes et dos bruns, queue rousse, poitrine tachetée, cercle oculaire blanchâtre.

CHANT

Chant clair et flûté dont la dernière note est ascendante, la seconde phrase par contre se termine par une note descendante ; cri : *tchok* grave.

HABITAT

Forêts de conifères ou mixtes.

LE SAVAIS-TU ?

LA GRIVE SOLITAIRE RELÈVE LA QUEUE VERS LE HAUT LORSQU'ELLE EST PERCHÉE OU AGITE LA QUEUE DE HAUT EN BAS, CE QUI LA DIFFÉRENCIE DES AUTRES GRIVES.

DE FACE
DE DOS

GRIVE FAUVE
Catharus fuscescens

Comme toutes les grives, la Grive fauve se retrouve souvent au sol. Elle se confond alors avec les feuilles mortes et son environnement.

MÂLE ET FEMELLE

Pas de cercle oculaire, haut de la poitrine chamois, la moins tachetée des grives, tête, dos et queue brun-roux.

CHANT

Chant en cascade descendante comme si elle chantait en duo ; cri : *vriou.*

HABITAT

Forêts de feuillus humides souvent près d'un cours d'eau.

LE SAVAIS-TU ?

LA GRIVE FAUVE NICHE SOUVENT AU SOL OU À MOINS D'UN MÈTRE DE HAUTEUR.

JASEUR BORÉAL

Bombycilla garrulus

Quel oiseau fascinant à observer en hiver ! Ses plumes soyeuses valent que ton regard s'y attarde.

LE SAVAIS-TU ?

POUR OBSERVER LE JASEUR BORÉAL, IL FAUT SURVEILLER LES ARBUSTES FRUITIERS OÙ TU POURRAIS LE VOIR ARRIVER EN BANDE DE 10 À 20 INDIVIDUS ET PARFOIS PLUS.

♂♀ MÂLE ET FEMELLE

Sous-caudales brun-roux, huppe* pointue, ailes avec motifs blanc, rouge et jaune, masque noir, extrémité de la queue jaune, oiseau gris velouté.

♪ CHANT

***Zrii* plus rauque que celui du Jaseur d'Amérique, ressemble à un sifflement.**

HABITAT

Forêts boréales, en hiver près des habitations.

JASEUR D'AMÉRIQUE

Bombycilla cedrorum

Le Jaseur d'Amérique est surtout observé en été, tandis que le Jaseur boréal est observé tard à l'automne jusqu'au début d'avril.

MÂLE ET FEMELLE

Masque noir, rémiges* secondaires aux pointes rouges, ventre jaune crème, huppe* pointue, extrémité de la queue jaune, oiseau brun.

CHANT

Zriiii, zriiii, zriiii, aigu et ténu.

HABITAT

Bois clairs, arbustes fruitiers, vergers.

LE SAVAIS-TU ?

DURANT LA FORMATION DU COUPLE, LE MÂLE OFFRE UN PÉTALE DE FLEURS À SA COMPAGNE OU UN FRUIT. APRÈS LA SAISON DE NIDIFICATION, IL SE DÉPLACE EN BANDES.

MERLEBLEU DE L'EST

Sialia sialis

Autrefois très abondant, le Merlebleu de l'Est est devenu par la suite très rare à cause de la perte de sites de nidification et de la compétition que lui font le moineau et l'étourneau.

LE SAVAIS-TU ?

GRÂCE À L'INSTALLATION DE NICHOIRS, IL EST REVENU ET FAIT LA JOIE DE TOUS LES AMATEURS D'OISEAUX. IL NOUS ARRIVE TÔT AU PRINTEMPS.

⚥ MÂLE ET FEMELLE

Tête, dos, ailes et queue d'un bleu azuré, poitrine rouge brique, bec pointu et court.

♪ CHANT

Tcheur-oui ou *trou-li* musical, *ti-û-utu* gazouillé.

HABITAT

Terrains à découvert, fermes, bord des routes.

PLECTROPHANE DES NEIGES

Plectrophenax nivalis

Surtout observé en hiver, en bordure des chemins de campagne, il n'est pas rare de voir en grand nombre ces beaux petits oiseaux blancs tachetés de noir.

⚥ MÂLE ET FEMELLE

En plumage hivernal, rayé de noir sur le dos, les ailes et la queue, tête, nuque et dos tachetés, poitrine et ventre entièrement blancs. En été, le ♂ est blanc et a le dos noir.

♪ CHANT

***Tiriou* doux et sifflé ou *brrt* ronronné.**

HABITAT

Champs, bord des routes de gravier à la campagne, toundra en été.

LE SAVAIS-TU ?

LES PLECTROPHANES DES NEIGES VIENNENT NOUS VISITER EN HIVER. ILS PEUVENT OCCUPER TES MANGEOIRES ET LEUR NOMBRE PEUT S'ÉLEVER JUSQU'À CENT !

PARULINE COURONNÉE

Seiurus aurocapilla

Attention à ne pas la confondre avec les grives, qui ont à peu près la même teinte et la même taille.

LE SAVAIS-TU ?

IL EST FACILE DE RECONNAÎTRE SON CHANT, MAIS IL EST PLUS DIFFICILE DE LA REPÉRER. ELLE EST SOUVENT OBSERVÉE AU SOL OU À HAUTEUR DES YEUX. PAR CONTRE, LORSQUE TU OBSERVES CETTE PARULINE, SA COURONNE ORANGÉE N'EST PAS TOUJOURS VISIBLE.

MÂLE ET FEMELLE

Cercle oculaire blanc, poitrine et flancs fortement rayés, couronne orangée bordée de deux raies noires, dos brun olive, pattes rosées.

CHANT

***Ti-pié ti-pié ti-pié* sonore en crescendo*.**

HABITAT

Forêts de feuillus.

PARULINE MASQUÉE

Geothlypis trichas

C'est la paruline la plus facile à observer et celle que l'on aperçoit le plus souvent au Québec. Elle est commune dans son habitat. Elle est aisée à reconnaître grâce à son masque noir.

♂ MÂLE

Masque noir à bordure blanche, dos brun olive, gorge et poitrine jaunes.

♀ FEMELLE

Sans masque noir, cercle oculaire blanc.

♪ CHANT

Ouistiti-ouistiti-ouistiti – onomatopée* : *as-tu vu ? As-tu vu ?* Cri : *Tchip !*

HABITAT

Buissons denses près des endroits humides, marais.

LE SAVAIS-TU ?

LORSQU'ELLE CHANTE AU DÉBUT DE LA PÉRIODE DE NIDIFICATION, ELLE CHOISIT UN PERCHOIR OÙ ELLE SERA BIEN EN ÉVIDENCE.

PARULINE JAUNE

Setophaga petechia

La Paruline jaune est une des plus familières et des plus abondantes au Québec.

LE SAVAIS-TU ?

LORSQUE LE VACHER À TÊTE BRUNE PARASITE SON NID, LA PARULINE JAUNE S'EMPRESSE DE FAIRE UN AUTRE NID PAR-DESSUS LE NID PRÉCÉDENT ET D'Y PONDRE D'AUTRE ŒUFS OU BIEN ELLE L'ABANDONNE ET CHERCHE UN AUTRE ENDROIT POUR Y ACCUEILLIR SA FUTURE PETITE FAMILLE.

♂ MÂLE

Corps entièrement jaune, poitrine rayée de marron.

♀ FEMELLE

Dos jaune olive, poitrine avec rayures floues ou sans rayures.

♪ CHANT

Tsi-tsi-tsi-tsi-tii-ouit* aigu et musical. Onomatopée*: *p'tit p'tit p'tit pantalon gris* ou *tire tire tire la bibitte.

HABITAT

Buissons feuillus près de l'eau, bord des marais.

PARULINE À FLANCS MARRON

Setophaga pensylvanica

Elle est très visible puisqu'elle se tient généralement dans les arbustes. De plus elle est facile à identifier et peu farouche.

♂ MÂLE

Flancs marron, calotte jaune, moustache noire et bande noire traversant l'œil, barres alaires* jaunes, poitrine et ventre entièrement blancs, dos rayé.

♀ FEMELLE

Face grise, cercle oculaire blanc, tête et dos jaune verdâtre, flancs marron plus pâle.

♪ CHANT

Ti, ti, ti, huit uit-tiou, onomatopée* : *Please, please to meet you,* ou *tiens, tiens, tiens, où es-tu ?*

HABITAT

Forêts en régénération, prés broussailleux, milieux humides.

LE SAVAIS-TU ?

ELLE BAISSE SOUVENT LES AILES ET RELÈVE LA QUEUE.

PARULINE À CROUPION JAUNE

Setophaga coronata

Au Québec, la Paruline à croupion* jaune niche partout sauf dans l'Ungava. Notez les trois taches jaunes : sur la calotte, sur l'épaule et sur le croupion*.

♂ MÂLE

Tache jaune sur la calotte, l'épaule et le croupion*, masque noir, barres alaires* blanches, dos gris, poitrine noire, dos rayé.

♀ FEMELLE

Poitrine rayée, masque gris, croissant oculaire blanc, corps gris pâle.

CHANT

Trille* lâche ressemblant au chant du Junco ardoisé en plus vivant.

HABITAT

Forêts mixtes ou de conifères.

LE SAVAIS-TU ?

CETTE PARULINE GRÉGAIRE* EST OBSERVÉE SOUVENT À L'AUTOMNE. ELLE ARRIVE TÔT AU PRINTEMPS ET PART TARD EN AUTOMNE.

BRUANT FAMILIER

Spizella passerina

Petit bruant facile à observer même dans la cour arrière en ville. Il peut nicher tout près et se nourrir à ta mangeoire jusqu'à la migration. Tu y verras également ses jeunes occuper la mangeoire par dizaines.

MÂLE ET FEMELLE

Calotte rousse, ligne noire traversant l'œil, sourcil blanc, gorge et nuque grises, poitrine et ventre gris, dos brun rayé, croupion* gris.

CHANT

Trille* sec et sonore, cri : *tchip* sonore.

HABITAT

Boisés de feuillus ou de conifères, vergers, parcs, jardins.

LE SAVAIS-TU ?

SA MIGRATION S'EFFECTUE DURANT LE MOIS D'OCTOBRE. PARFOIS CERTAINS S'ATTARDENT JUSQU'EN NOVEMBRE ET MÊME DÉCEMBRE ET SE NOURRISSENT AUX MANGEOIRES.

BRUANT CHANTEUR

Melospiza melodia

Le premier bruant qui arrive au printemps, en avril. Il nous enchante par son chant répétitif.

MÂLE ET FEMELLE

Poitrine fortement rayée avec une tache foncée au centre, calotte roussâtre avec une bande grise au centre, sourcil gris, longue queue, deux moustaches brun foncé.

CHANT

Suite de notes musicales débutant par : *tioui, tioui, tioui* suivi de notes mélodieuses, cri d'alarme : *tchip*.

HABITAT

Orée des bois, champs, villes et banlieues, marais.

LE SAVAIS-TU ?

IL AGITE LA QUEUE DE HAUT EN BAS. IL NOUS QUITTE EN OCTOBRE MAIS QUELQUES-UNS HIVERNENT À L'OCCASION AU QUÉBEC, PROFITANT DES POSTES D'ALIMENTATION.

BRUANT DES MARAIS
Melospiza georgiana

Tu peux l'entendre dès son arrivée au printemps, perché sur une quenouille. Il chante pour attirer une femelle.

MÂLE ET FEMELLE

Calotte rousse, gorge blanche bordée de noir donnant l'impression de moustaches, poitrine grise, nuque et sourcil gris, dos et ailes brun-roux.

CHANT

Trille* lâche ressemblant au bruit du mouvement d'une machine à coudre. *Tchip* sec et aigu.

HABITAT

Marais d'eau douce, près de l'eau où poussent de grandes herbes.

LE SAVAIS-TU ?

LE BRUANT DES MARAIS PEUT CHANTER LA NUIT, MÊME À L'AUTOMNE.

FORME CHAMOIS

FORME CLAIRE

BRUANT À GORGE BLANCHE

Zonotrichia albicollis

Son sifflement clair entendu dans les bois est bien connu, on l'a même surnommé « le petit Frédéric ».

♂♀ MÂLE ET FEMELLE

Gorge blanche, tache jaune devant l'œil, sourcil blanc ou chamois, poitrine grise avec quelques rayures, dos brun rayé.

♪ CHANT

Onomatopée* : *où es-tu Frédéric, Frédéric, Frédéric ?* Notes claires et sifflées, cri : *tsît* ou *tchinc* sec.

HABITAT

Forêts de conifères ou mixtes, tourbières.

LE SAVAIS-TU ?

À L'AUTOMNE, IL DEVIENT GRÉGAIRE* ET SE DÉPLACE DANS LES ÉCLAIRCIES OÙ SE TROUVENT DES GRAMINÉES DONT IL EST FRIAND.

BRUANT À COURONNE BLANCHE

Zonotrichia leucophrys

Observé surtout au moment des migrations printanières et automnales.

♂♀ MÂLE ET FEMELLE

Dos brun rayé, tête rayée noir et blanc, bec rosé, bas de la nuque, gorge et poitrine gris.

♪ CHANT

Sifflements clairs et plaintifs, suivis d'un trille* sifflé et enroué, onomatopée* : *veux-tu du poulet frit*, le début du chant ressemble à celui du Bruant à gorge blanche.

HABITAT

Toundra, buissons, broussailles en bordure des forêts de conifères ou mixtes.

LE SAVAIS-TU ?

LE BRUANT À COURONNE BLANCHE RESSEMBLE AU BRUANT À GORGE BLANCHE, IL FAUT BIEN REGARDER : IL EST UN PEU PLUS GROS, SON BEC EST ROSE, IL N'A PAS DE POINT JAUNE DEVANT L'ŒIL LORE* NI DE GORGE BLANCHE.

JUNCO ARDOISÉ

Junco hyemalis

On l'observe surtout au cours de sa migration automnale et printanière lorsqu'il fréquente nos mangeoires.

LE SAVAIS-TU ?

IL PEUT RESTER AVEC NOUS DANS LES HIVERS PLUS DOUX, TU LE VERRAS SOUVENT À TES MANGEOIRES. IL EST FACILE À RECONNAÎTRE AVEC SES BANDES BLANCHES DE CHAQUE CÔTÉ DE LA QUEUE RECTRICES* EXTERNES.

♂ MÂLE

Bec conique rosé, ventre blanchâtre, rectrices* externes de la queue blanches, plumage gris ardoise.

♀ FEMELLE

Plumage gris-brun.

♪ CHANT

Trille* musical, ressemble au chant du Bruant familier.

HABITAT

Forêts de conifères ou mixtes. En migration, villes et banlieues.

PIRANGA ÉCARLATE

Piranga olivacea

Qui ne rêve pas d'apercevoir cet oiseau aux couleurs vives ? On peut l'entendre chanter au loin mais pour l'apercevoir, il faut le chercher au sommet d'un arbre.

MÂLE ET FEMELLE

Plumage rouge écarlate, ailes et queue noires, bec conique blanchâtre. Dos verdâtre, poitrine et ventre de couleur jaunâtre, ailes noirâtres.

CHANT

Chant enroué et fort ressemblant à celui du Merle d'Amérique mais en plus enroué, aussi *tchek-bin* résonnant.

HABITAT

Forêts matures de feuillus ou mixtes.

LE SAVAIS-TU ?

C'EST SURTOUT AU PRINTEMPS QU'ON PEUT L'OBSERVER LORSQU'IL CHANTE. LORSQU'IL COMMENCE À NICHER, IL SE FAIT PLUS DISCRET.

PASSERIN INDIGO

Passerina cyanea

Le Passerin indigo peut se nourrir aux mangeoires, mais il ne reste jamais longtemps.

LE SAVAIS-TU ?

LE PASSERIN INDIGO EST SOUVENT PERCHÉ SUR LES FILS ÉLECTRIQUES OU AU SOMMET DES ARBRES LONGEANT LES LISIÈRES EN FORÊT.

♂ MÂLE

Entièrement bleu indigo, bec conique gris, ailes plus foncées.

♀ FEMELLE

Entièrement brune, poitrine plus pâle.

CHANT

Suit-suit tchou-tchou. Cri : *spit* aigu.

HABITAT

Prés broussailleux, orée des bois, îlots de forêts, sentiers de ski.

ROSELIN POURPRÉ
Carpodacus purpureus

On peut le trouver aux mangeoires durant toute l'année. Il égaie notre environnement tant par sa couleur que par son chant enjoué.

♂ MÂLE

Plumage rouge framboise, dos, ailes et queue brunâtres.

♀ FEMELLE

Raie pâle derrière l'œil, joue foncée, raies brunes au menton, poitrine et ventre pâles rayés de brun.

CHANT

Gazouillis rapide et mélodieux.

HABITAT

Forêts de conifères et mixtes, parcs, villes et banlieues.

LE SAVAIS-TU ?

APRÈS LA MUE À L'AUTOMNE, SON PLUMAGE CHANGE ET DEVIENT ROSÉ.

SIZERIN FLAMMÉ

Acanthis flammea

Voilà un petit oiseau bien sympathique qui vient nous visiter à l'occasion durant la saison froide.

LE SAVAIS-TU ?

LE SIZERIN FLAMMÉ VIENT NOUS VISITER ENVIRON TOUS LES DEUX ANS EN HIVER. IL ENVAHIT LES MANGEOIRES PAR DIZAINES, VOIRE PAR CENTAINES D'INDIVIDUS DANS LE SUD DU QUÉBEC.

♂ MÂLE

Front rouge vif, menton noir, poitrine rosée, plumage gris-brun rayé.

♀ FEMELLE

Poitrine rayée sur les côtés, sans rose.

CHANT

Trille* suivi de *tchit-tchit-tchit-tchit* saccadé, *souiiit* ascendant, peut chanter en vol.

HABITAT

Toundra, boisés où il se nourrit de graines ou de bourgeons d'aulne ou de bouleau.

CHARDONNERET JAUNE

Spinus tristis

Le Chardonneret jaune est un petit oiseau commun et grégaire*. Il manifeste une prédilection pour les graines de chardon, d'où lui vient son nom de chardonneret.

♂ MÂLE

Ailes, queue et front noirs, croupion* blanc, barres alaires*, plumage jaune.

♀ FEMELLE

Plumage jaune olive terne, ailes de couleur noirâtre avec des barres alaires.

CHANT

Bîîbîî **et** ***souiyîît.*** **En vol :** ***ti-di-di-di*** **ou** ***pe-ti-te-tiou.***

HABITAT

Forêts de feuillus, endroits à découvert, villes et banlieues, orée des bois.

LE SAVAIS-TU ?

LE CHARDONNERET JAUNE PEUT RESTER AVEC NOUS EN HIVER. LE MÂLE SUBIT UNE MUE À L'AUTOMNE ET IL RESSEMBLE ALORS À LA FEMELLE. C'EST TÔT AU PRINTEMPS QU'IL SUBIRA UNE DEUXIÈME MUE OÙ IL RETROUVERA SON BEAU PLUMAGE NUPTIAL.

TARIN DES PINS

Spinus pinus

Certaines années, le Tarin des pins visite nos mangeoires en grand nombre en hiver et continue à les fréquenter jusqu'à tard au printemps.

LE SAVAIS-TU ?

QUELQUES-FOIS, IL EST DIFFICILE D'APERCEVOIR LA TACHE JAUNE SUR LES AILES ET LA QUEUE DU TARIN DES PINS. IL FAUT ALORS RETENIR QUE C'EST UN PETIT OISEAU COMPLÈTEMENT RAYÉ AVEC UN BEC TRÈS EFFILÉ.

⚥ MÂLE ET FEMELLE

Plumage entièrement rayé, tache jaune sur les ailes et la queue, bec très pointu, dos brun, ventre clair.

♪ CHANT

Zriii bourdonnant, *tit-i-tit* léger.

HABITAT

Forêts de conifères ou mixtes, villes et banlieues.

MOINEAU DOMESTIQUE

Passer domesticus

Venant d'Europe, le Moineau domestique a été introduit en Amérique du Nord au XIXe siècle. Il s'est très bien adapté et s'est répandu à travers les États-Unis et le Canada.

♂ MÂLE

Gorge noire, calotte et joues grises, nuque marron, dos brunâtre rayé, bec conique.

♀ FEMELLE

Tête et poitrine gris-beige, sans gorge noire.

♪ CHANT

Tchilup, tchilup, tchilup gai et retentissant.

HABITAT

Villes et banlieues, près des habitations dans les fermes.

LE SAVAIS-TU ?

IL UTILISE TOUS LES ENDROITS DISPONIBLES POUR NICHER, Y COMPRIS LES NICHOIRS INSTALLÉS POUR D'AUTRES ESPÈCES. ON PEUT LE VOIR ÉGALEMENT À NOS MANGEOIRES.

GLOSSAIRE

♂

Pictogramme du mâle.

♀

Pictogramme de la femelle.

⚥

Pictogramme du mâle et de la femelle identiques.

Acérées

Se dit des griffes tranchantes des oiseaux de proie qui s'en servent pour saisir et tuer leur proie.

Aigrettes

Touffes de plumes en forme de pinceaux au-dessus de la tête des hiboux.

Aviaire

Qui concerne les oiseaux.

Barres alaires

Bandes de couleurs différentes placées sur les ailes de certaines espèces. Il peut n'y avoir qu'une seule bande ou une tache.

Battures

Partie du rivage que la marée laisse à découvert.

Carnivores

Oiseaux qui se nourrissent de proies vivantes ou mortes.

Caroncules

Excroissance charnue de couleur rougeâtre apparaissant chez certains oiseaux comme le Dindon sauvage.

Corvidés

Famille d'oiseaux comprenant les corbeaux, les corneilles et les geais.

Cosmopolite

Oiseau qui s'accommode de tous les milieux et de tous les pays, comme le Pigeon biset.

Couvertures sous-caudales

Plumes qui se trouvent sous la queue.

Crécelle

Moulinet en bois qui tourne en produisant un bruit strident comme le fait le Martin-pêcheur.

Crescendo

Augmentation graduelle de l'intensité d'un cri comme chez la... Paruline couronnée : *Ti-pié ti-pié, Ti-pié ti-pié, Ti-pié ti-pié.*

Croupion

Extrémité postérieure de l'oiseau où sont plantées les plumes de la queue. Paruline à croupion jaune.

Frugivores

Oiseaux qui se nourrissent de fruits.

Granivores

Oiseaux qui se nourrissent de graines.

Grégaires

Oiseaux qui vivent en groupes plus ou moins importants selon les périodes de l'année. Ex. : Plectrophanes des neiges ou Étourneaux sansonnets.

Guttural

Bruit rauque qui vient de la gorge (gosier) comme en produit l'Hirondelle noire.

Huppe

Touffe de plumes sur la tête qui peuvent être redressées, comme chez le Geai bleu.

Hybride

Résultat du croisement de deux espèces différentes. Ex. : Canard colvert et Canard noir. Les canetons issus de ce croisement porteront un mélange génétique des deux parents.

Insectivores

Oiseaux qui se nourrissent d'insectes.

Iridescent

Qui change de couleur selon l'angle où on le regarde. Ex. : plumage du Canard branchu.

Irisé

Qui prend des couleurs variées.

Lore

Partie de la tête d'un oiseau comprise entre le bec et l'œil.

Mandibules

Parties cornées du bec des oiseaux : mandibule inférieure et mandibule supérieure.

Miroir

Barre iridescente (reflets luisants) que certaines espèces d'oiseaux comme les canards possèdent sur les plumes des ailes. Elles ne sont pas toujours visibles.

Morphologie

Domaine qui traite de la structure externe des animaux, ici des oiseaux. Voir p. 8.

Ocre

Couleur jaune-brun. Ex. : Canard branchu.

Onglet

Saillie en crochet située au bout du bec des canards, des oies et des cygnes.

Onomatopée

Représentation écrite d'un chant, d'un son ou d'un cri particulier.

Pattes lobées

Pattes dont les doigts sont entourés d'une membrane

charnue et flottante qui permet à l'oiseau de nager (grèbes).

Pattes palmées

Pattes dont les doigts sont reliés par une peau qui permet aux oiseaux aquatiques de mieux se propulser dans l'eau.

Pattes semipalmées

Pattes dont les doigts sont reliés par une petite peau qui permet à certains oiseaux (bécasseaux) de se déplacer dans la boue.

Pictogramme

Représentation de quelque chose par un dessin.

Piscivores

Oiseaux qui se nourrissent de poissons.

Plastron

Partie du plumage de la poitrine d'un oiseau dont la couleur est différente du reste du plumage. Ex. : Buse à queue rousse.

Proie

Être vivant dont un prédateur (rapace) s'empare pour le dévorer. Ex. : Faucon émerillon.

Rapace

Oiseau carnivore possédant un bec puissant et crochu, des griffes acérées lui permettant de capturer des proies. Ex. : Pygargue à tête blanche.

Rectrices

Plumes de la queue d'un oiseau. Quelques espèces ont les rectrices externes d'une couleur différente, comme le Junco ardoisé, ou tachetées, comme le Pic mineur.

Rémiges

Grandes plumes des ailes des oiseaux. Elles ont trois niveaux de couverture.

Rémiges primaires

Plumes de la pointe de l'aile.

Rémiges secondaires

Plumes plus petites et plus souples que les primaires et fixées sur l'avant-bras.

Rémiges tertiaires

Les plus petites rémiges. Elles recouvrent les épaules et une partie du dos.

Scapulaires

Plumes de l'aile couvrant les épaules de l'oiseau.

Tertiaires

Plumes qui sont les plus proches du corps.

Trille

Chant rapide et ininterrompu exécuté sur deux notes comme en produit le Junco ardoisé.

INDEX DES OISEAUX

A

Alouette hausse-col......90

B

Balbuzard pêcheur 40

Bécasseau minuscule....85

Bécasseau sanderling ...83

Bécasseau semipalmé...84

Bécassine de Wilson......66

Bernache du Canada 23

Bruant à couronne blanche.....................113

Bruant à gorge blanche.....................112

Bruant chanteur...........110

Bruant des marais 111

Bruant familier.............109

Busard St-Martin 42

Buse à queue rousse 43

C

Canard branchu 24

Canard colvert 26

Canard noir 25

Cardinal à poitrine rose............................76

Cardinal rouge 77

Carouge à épaulettes.....78

Chardonneret jaune 119

Chevalier grivelé 64

Chouette rayée...............51

Colibri à gorge rubis......86

Cormoran à aigrettes.....36

Corneille d'Amérique 49

D

Dindon sauvage 33

Durbec des sapins 82

E

Eider à duvet..................28

Étourneau sansonnet.....75

F

Faucon émerillon 56

Faucon pèlerin 44

Fou de Bassan 35

Fuligule à collier 27

G

Gallinule d'Amérique 55

Garrot à œil d'or.............29

Geai bleu 70

Gélinotte huppée............32

Goéland à bec cerclé 46

Goéland argenté 47

Goéland marin 48

Grand Harle 31

Grand Héron 37

Grand Pic........................52

Grèbe à bec bigarré 54

Grive fauve 99

Grive solitaire.................98

Guillemot à miroir 60

H

Harfang des neiges........50

Harle couronné 30

Héron vert 38

Hirondelle bicolore 92

Hirondelle noire 91
Hirondelle rustique 93
J
Jaseur boréal 100
Jaseur d'Amérique 101
Junco ardoisé 114
M
Martin-pêcheur
d'Amérique.................61
Merlebleu de l'Est........102
Merle d'Amérique 73
Mésangeai du
Canada 71
Mésange à tête
noire 96
Moineau
domestique 121
Moqueur chat................74
Moucherolle phébi 88
Mouette tridactyle 45
O
Oie des neiges................22
Oriole de Baltimore........80
P
Paruline à croupion
jaune..........................108
Paruline à flancs
marron......................107
Paruline couronnée......104
Paruline jaune.............106
Paruline masquée........105
Passerin indigo 116
Petit Chevalier................65
Petit Pingouin.................53
Pic chevelu.....................68
Pic flamboyant...............69
Pic maculé 67
Pic mineur......................87
Pigeon biset 59
Piranga écarlate 115
Plectrophane des
neiges......................103
Plongeon huard..............34
Pluvier kildir...................63
Pygargue à tête
blanche......................41
Q
Quiscale bronzé 79
R
Râle de Virginie..............62
Roselin pourpré 117
S
Sittelle à poitrine
blanche......................94
Sittelle à poitrine
rousse.......................95
Sizerin flammé.............118
Sterne pierregarin..........57
T
Tarin des pins 120
Tourterelle triste 58
Troglodyte familier.........97
Tyran tritri 72
U
Urubu à tête rouge.........39
V
Vacher à tête brune 81
Viréo aux yeux rouges...89

BIBLIOGRAPHIE

Brûlotte, S. *Les oiseaux du Québec, Guide d'identification,* Broquet, 2013, 576 p.

Brûlotte, S. *Les oiseaux du Québec, Guide d'initiation,* Broquet, 2000, 304 p.

Brûlotte, S. *Observer les oiseaux avec les enfants,* Broquet, 2008, 145 p.

Brûlotte, S. *Les oiseaux familiers du Québec,* Broquet, 2001, 144 p.

Brûlotte, S. *Les oiseaux d'eau du Québec,* Broquet, 2002, 151 p.

Brûlotte, S. *Les oiseaux de proie du Québec,* Broquet, 2002, 160 p.

Brûlotte, S. *Les canards et les oies du Québec,* Broquet, 2001, 144 p.

Brûlotte, S. *Les parulines du Québec,* Broquet, 2001, 144 p.

Parent, S. *Dictionnaire des sciences de l'environnement,* Broquet, 1990, 748 p.

Robert, P. Le nouveau petit Robert, Dictionnaire Le Robert, 2002, 2950 p.